le 10 juillet 2000

Ce que je crois

D1400618

Sous la direction de
Jeannine Lavoie-Bouchard

Ce que je crois

18 personnalités
face à la question de Dieu

NOVALIS

Ce que je crois. 18 personnalités face à la question de Dieu est publié par Novalis.

Couverture: Mardigraphe

Éditique: Gilles Lépine

Collaboration à la rédaction: Pierre Guénette

Photographies: François Charbonneau, p. 5; Maxime Côté, p. 9; M. Bedford, Ottawa, p. 17, 81; Bernard Brault, p. 29; Monic Richard, p. 37; Jean Bernier/Société Radio-Canada, p. 45; Pierre McCann, p. 91; Yves Beaulieu, p. 117; Jean-Marie Bioteau, p. 131; Anne Vastel, p. 151; Archives, p. 51, 59, 65, 97, 109, 123, 139, 145.

© 2000: Novalis, Université Saint-Paul, Ottawa.

Dépôts légaux: 2e trimestre 2000
    Bibliothèque nationale du Canada
    Bibliothèque nationale du Québec

Novalis, C.P. 990, Ville Mont-Royal (Québec) H3P 3M8

Nous reconnaissons l'aide financière du gouvernement du Canada par l'entremise du Programme d'aide au développement de l'industrie de l'édition (PADIÉ) pour nos activités d'édition.

ISBN: 2-89507-095-4

Imprimé au Canada

Données de catalogage avant publication (Canada)

Vedette principale au titre:

Ce que je crois: 18 personnalités face à la question de Dieu

ISBN 2-89507-095-4

1. Personnalités – Vie religieuse. 2. Foi. 3. Dieu. I. Lavoie-Bouchard, Jeannine, 1941- .

BL624.C39 2000   291.4'4'08621   C00-94058-6

NOVALIS

Présentation

La question religieuse a déserté l'espace public. Elle s'est réfugiée dans le domaine de l'intime et du privé. Peu de gens osent exprimer tout haut leurs questions ou leurs convictions à ce sujet. La religion est affaire personnelle, entend-on souvent. Pourtant, la quête de sens et la recherche d'une spiritualité pour notre temps sont plus que jamais à l'ordre du jour. L'émergence de sectes religieuses, de mouvements ésotériques et la remise en question des religions traditionnelles montrent que l'être humain a besoin d'ajouter une profondeur dans sa vie afin de prétendre à une certaine sérénité.

Je ne suis pas écrivaine, encore moins théologienne. Mais je suis convaincue de l'importance des valeurs spirituelles et morales dans le cheminement de chacun. Je crois également que nous avons besoin de points de référence. L'expérience d'une personne est importante pour la vie de l'autre. Ces convictions m'ont motivée à entreprendre ce projet d'édition.

J'ai choisi de rencontrer des personnalités publiques, d'origines, de professions et de convictions diverses. Je leur ai demandé d'ouvrir la porte sur l'espace intérieur de leur univers spiationel. Elles ont été choisies parce qu'elles sont connues dans leur milieu. Je souhaite ardemment que lecteurs et lectrices puissent s'identifier à leur témoignage.

Par souci de faciliter la lecture et d'alléger les textes, nous avons choisi de présenter les contributions des différentes personnalités sous forme de texte continu, sans répéter les questions auxquelles elles répondaient. Voici ces questions.

Avez-vous la foi? En quel Dieu croyez-vous? Qu'est-ce que cela représente pour vous d'avoir la foi? Est-ce important pour vous? Votre foi est-elle en constante évolution ou bien est-elle toujours la même? De façon concrète, comment cela se traduit-il au quotidien?

Pratiquez-vous une religion? Pour vous, la pratique religieuse est-elle importante? Comment la vivez-vous?

Qu'est-ce que la spiritualité pour vous? Quelle part votre spiritualité prend-elle dans votre vie? De façon pratique, comment cela se manifeste-t-il? Votre spiritualité se situe-t-elle au niveau de votre tête? de votre cœur?

Votre vie est-elle basée sur des règles morales? Lesquelles?

Pourriez-vous indiquer un texte, un auteur ou une personne qui vous inspire ou qui incarne à vos yeux une véritable vie religieuse, spirituelle ou morale? En terminant, je m'inspire de la question de Marcel Proust: «Si Dieu existe, que voudriez-vous qu'il vous dise après votre mort?»

Les textes présentés ici ne sont pas des essais théologiques ou philosophiques sur la foi, mais des témoignages, parfois très spontanés, sur ce que vit chacune des personnes interrogées sur le plan de la foi et de la spiritualité.

J'aimerais exprimer ma gratitude à toutes les personnes qui ont bien voulu prendre le temps de répondre à mes questions. Dans un geste de générosité, elles ont accepté de dévoiler un côté très intime d'elles-mêmes. Sans leur grande collaboration, je n'aurais pu mener ce projet à terme.

En reprenant les mots de Montaigne, je pourrais affirmer: «Je me suis contentée dans ce livre de faire un bouquet des fleurs d'autrui, ma seule contribution est le cordon qui les lie.»

Jeannine Lavoie-Bouchard
mars 2000

Denise Bélisle

Dr Denise Bélisle détient un doctorat en médecine de l'Université de Sherbrooke ainsi qu'un baccalauréat en musique de l'Université de Montréal.

Après un parcours de médecine d'urgence, de médecine en soins palliatifs et psychiatriques, elle pratique depuis dix ans la médecine de famille à Montréal.

Devenue Bahá'ie en 1985, elle sert présentement sur l'Assemblée spirituelle des Bahá'is de Montréal, en tant que présidente.

Elle fait également office de présidente au sein du Conseil interreligieux de Montréal, comité qui existe depuis dix ans et sur lequel elle a travaillé depuis les débuts. Elle a œuvré à plusieurs niveaux dans le domaine artistique et participe à des tournées internationales avec «les voix de Bahá», une chorale Bahá'ie composée de participants de différentes parties du monde.

« L a véracité est le fondement de toutes les vertus humaines. Sans la véracité, le progrès et le succès sont impossibles pour toute âme dans tous les mondes de Dieu. Quand ce Saint attribut sera établi en l'homme, toutes les qualités divines seront également acquises.»

Abdu'l-Bahá, *L'honnêteté: une vertu Bahá'íe cardinale,*
Bruxelles, Maison d'édition Bahá'íes, 1987.

Je suis de foi Bahá'ie. Je crois en un Dieu unique, un Dieu de bonté, de compassion, de miséricorde et de justice pour tous. Je crois que la Terre n'est qu'un seul pays, que tous ses habitants en sont les citoyens. Je crois que l'ère de la mondialisation dans laquelle nous sommes entrés est un témoignage éloquent de cette vérité spirituelle, enseignée par toutes les grandes religions, qui nous dit que nous sommes tous les enfants d'un même Père.

Ma foi est essentielle et, sans elle, ma vision de la vie serait tout à fait différente. Elle me donne un *gouvernail* pour voguer sur l'océan de la vie. Elle me donne des *balises* sur le chemin de la vie et une *fondation* à l'édifice de ma vie. Je ne dis pas que le parcours soit toujours précis et clair, mais j'ai des directions et une boussole pour me guider. La foi, comme la boussole, me permet d'orienter ma vie en fonction d'un certain idéal qui se situe au-delà de mon existence terrestre. Elle me permet de me rappeler la direction de mon but, peu importe les obstacles sur le sentier ou les différentes situations que je vis. Ma foi est une réalité autre que celle que mes yeux voient. Elle est une réalité spirituelle, morale, existentielle, éternelle, transcendante, qui me permet de pénétrer profondément dans l'expérience de ma vie et de celle des autres. Ma foi illumine les gestes et pensées du quotidien. Elle est par rapport à ma réalité matérielle ce qu'est la *lumière* à la lampe.

Ma foi est en constante évolution; c'est quelque chose d'organique comme tout ce qui vit. Comme une graine plantée en terre, elle peut croître, se développer et porter fruit. Pour cela, il me faut l'entretenir régulièrement avec la pluie de la prière, de la méditation et de la réflexion sur la lecture des textes sacrés, avec le soleil de l'amour divin et l'engrais des actes purs et désintéressés.

L'être humain est venu sur terre pour apprendre. Il doit évoluer sans cesse de sa naissance à sa mort, mais cette évolution n'est pas nécessairement linéaire. Dans ma vie, bien sûr, il y a des moments où j'ai l'impression que tout stagne ou régresse. Il peut s'agir de moments d'accalmie ou de rébellion qui m'amènent souvent à une honnêteté plus grande face à mes croyances et à mes engagements. J'essaie de ne pas avoir peur de ces moments. Je tente de les accueillir avec humilité et patience car j'ai compris, au fil des ans, que l'ombre et la lumière ne sont qu'une seule réalité. Lorsque le soleil brille très fort, l'ombre est également plus prononcée, du moins dans cette réalité terrestre.

Ma foi désire se manifester concrètement dans le quotidien, dans la vigilance sur mes pensées, mes désirs, mes choix, mes paroles, mes gestes, mes relations avec moi-même et avec autrui.

→━➤━➤━➤━➤

La religion est un système dévoilé par une manifestation divine pour organiser l'évolution de l'individu et de la société. Ses lois visent à mettre de l'ordre dans cette évolution. En ce sens, elles sont libératrices.

La Religion Bahá'ie, proclamée par Bahá'u'lláh au siècle dernier, enseigne que la vérité religieuse n'est pas absolue mais relative. La révélation divine est continuelle et progressive. Les fondateurs de toutes les religions passées, bien qu'ils diffèrent dans les aspects non essentiels de leurs enseignements, «s'élèvent au même ciel, prononcent les mêmes paroles et proclament la même foi». La cause de Bahá'u'lláh s'identifie au principe de l'unité organique de l'humanité, but de toute l'évolution humaine. Donc, la Religion Bahá'ie reconnaît l'unité de Dieu et de ses prophètes et l'unité des races. Elle soutient le principe de la recherche indépendante de la vérité, condamne toutes les formes de superstitions et de préjugés. Elle enseigne que le but fondamental de la religion est de favoriser l'harmonie et la concorde, que la religion doit marcher de pair avec la science et qu'elle constitue la seule et ultime base d'une société pacifique, progressive et bien organisée.

L'unité est donc un mot très important pour les Bahá'is. Il faut expliquer qu'il ne s'agit pas ici de créer un monde uniformisé, car la diversité des cultures et des traditions contribue grandement à la richesse du panorama humain. Il s'agit ici de «l'unité dans la diversité». Par exemple, nos fêtes spirituelles et sociales, à tous les dix-neuf jours, peuvent prendre des formes diverses selon la culture des gens et les pays où elles se déroulent.

Il est conseillé de prier, de lire et de méditer les écrits religieux, matin et soir. Il y a aussi une prière obligatoire qui doit être dite chaque jour. Cette prière existe en trois versions (courte, moyenne et longue) que l'on choisit selon notre disposition. Dans sa version courte, elle se dit comme suit: «Je suis témoin, ô mon Dieu, que tu m'as créé(e) pour te connaître et pour t'adorer. J'atteste à cet instant mon impuissance et ton pouvoir, ma pauvreté et ta richesse. Il n'y a pas d'autre Dieu que toi, celui qui secourt dans le péril, celui qui subsiste par lui-même.»

Pour moi, la prière est la nourriture de l'âme. Beaucoup de maladies de l'âme (jalousie, haine, envie, peur, etc.) peuvent être guéries par ce moyen. Je perçois nettement la différence dans ma façon d'être quand j'omets pour quelque raison cette activité. Prier chaque jour me donne une plus grande tolérance et une joie intérieure plus profonde. Je me sens assistée, plus centrée sur le but de ma vie. Il y a aussi la façon de prier qui compte. Le cœur doit y être! Lorsque le cœur est pur et détaché et que la prière est récitée avec grande dévotion, elle a un grand pouvoir. Il est préférable de prier tôt le matin, à l'aube, lorsque tout est encore calme et que nous ne sommes pas encore distraits par les activités de la journée. Je peux prier pour moi-même, pour les amis, les êtres chers, mes patients, mes voisins, mes concitoyens, les peuples de la terre, la paix, la sauvegarde de la nature, les êtres disparus, etc. J'utilise les prières révélées dans la Foi Bahá'ie, mais je n'hésite pas à utiliser les prières des autres traditions religieuses lorsqu'elles m'inspirent.

Je prie également avec celles qui montent spontanément d'un élan de mon cœur.

Chaque année, pendant dix-neuf jours, les Bahá'is font un jeûne. Ils s'abstiennent de nourriture et de liquide du lever du soleil au coucher du soleil. Le jeûne a une valeur symbolique. Il nous rappelle que notre âme a autant besoin de nourriture spirituelle que notre corps a besoin de nourriture matérielle. C'est une affaire personnelle que l'on pratique dans la mesure du possible. Les personnes âgées, les femmes enceintes ou qui allaitent, les personnes malades ou qui effectuent de grands voyages en sont dispensées.

➤➤➤➤➤

La spiritualité, c'est tout ce qui se rapporte à la nature de l'esprit. Elle fait appel à la notion d'être humain non seulement perçu comme une «machine» biologique, mais encore comme un être créé noble avec un grand potentiel de possibilités spirituelles et transcendantes. Ces potentialités, comme la bonté, la sagesse, la patience, la tolérance et la compassion, existent à l'état latent dans l'être humain, mais il doit faire des efforts pour les développer.

La spiritualité se trouve dans toute quête du beau, du bon, du vrai. Elle comble cette sensation de manque, de vide que toute personne ressent tôt ou tard dans sa vie. La spiritualité se retrouve dans tout geste d'amour, dans tout geste sacré, dans tout geste de don. C'est la nature divine de l'homme qui s'exprime dans le spirituel, peu importe ses croyances. C'est lorsque l'on voit les autres dans leur potentialité spirituelle que nous pouvons les aimer et les accepter tels qu'ils sont. C'est pour moi la clef pour pouvoir abandonner mes préjugés envers les autres. Prier pour ceux qui me font du mal est mon remède à leur agression!

Pour développer ma spiritualité, je m'inspire des écrits de Bahá'u'lláh ou d'Abdu'l-Bahá (fils de Bahá'u'lláh). Ces derniers mois, par exemple, une citation de Bahá'u'lláh au sujet de l'honnêteté envers soi-même et envers les autres me revient souvent à l'esprit. Comme nous nous cachons souvent des choses à nous-mêmes, comme nous vivons souvent dans l'illusion, Bahá'u'lláh conseille de faire un examen de conscience chaque soir. J'ai besoin de ces moments de silence dans ma vie. Ces moments privilégiés me permettent d'entrer en contact avec mon esprit, de vérifier le chemin que je poursuis, d'en rectifier la trajectoire s'il y a lieu, de prendre de nouvelles résolutions pour le lendemain, etc. Les moments de silence, je les retrouve également dans cette belle nature que, hélas, nous avons tant bafouée! Je m'inspire beaucoup de la spiritualité amérindienne pour trouver le «sacré» dans la nature. J'essaie de faire ma part pour diminuer la destruction et élever la conscience des gens sur cette question.

Selon les écrits Bahá'is, le plus haut degré de spiritualité, la clef maîtresse pour la maîtrise de soi, est l'oubli de soi par l'esprit de service. J'espère progresser un peu plus chaque jour vers ce but. Il suffit de déterminer dans quelles aires de service je suis la plus apte à offrir mes services avec dévouement, amour et désintéressement.

➤ ➤ ➤ ➤ ➤

À ma mort, Dieu pourrait simplement me dire: «*Well done girl*» (Bien joué, ma fille). J'aimerais qu'il me dise qu'il m'aime et qu'il m'a toujours aimée, qu'il est content de tous les efforts que j'ai faits, et que d'autres voies de service m'attendent!

Benoît Bouchard

Benoît Bouchard est né à Roberval le 16 avril 1940. En 1964, il obtient sa licence ès lettres de l'Université Laval.

Monsieur Bouchard œuvre dans le domaine de l'éducation pendant vingt ans, comme enseignant puis dirigeant de diverses maisons d'enseignement secondaire et collégial.

En 1984, il amorce sa carrière politique en se faisant élire à la Chambre des Communes. Il sera réélu en 1988. Il assume la responsabilité de différents ministères, en particulier les ministères des Transports et de la Santé et du Bien-Être social.

En 1993, Benoît Bouchard est nommé ambassadeur du Canada en France. Il revient au pays en 1996 pour présider le Bureau de la Sécurité des transports du Canada, poste qu'il occupe toujours.

Benoît Bouchard est marié à Jeannine Lavoie et père de trois garçons.

J'ai la foi. Au moment où j'essaie d'assumer tout le sens de cet engagement, je prends conscience de ce qu'il peut évoquer. La foi a tellement été liée à mon existence depuis mes premiers instants, et le sera, j'espère, jusqu'à mon dernier soupir, que je ne peux imaginer ma vie sans sa présence. Je nourris surtout l'espoir qu'elle grandira pour, finalement, atteindre la plénitude que je recherche depuis toujours et s'ouvrir sur une parfaite harmonie avec Dieu.

La foi est la plus grande de mes richesses, la raison essentielle de ma vie et son seul élément de continuité. Elle a évidemment connu des degrés d'intensité fort variables: du désert et des ténèbres jusqu'à l'espérance de la lumière; de la tiédeur et de l'indifférence jusqu'à une ferveur encore vacillante mais pleine de promesses d'avenir, transcendant de plus en plus la peur et l'angoisse qui, pendant longtemps, ont occupé tout l'espace disponible.

Ma foi est devenue plus présente et plus sentie au fur et à mesure que certaines passions ont été assouvies. Ainsi, l'attrait, ou la nostalgie, de la jeunesse, de l'argent, du pouvoir, de la gloire et de la renommée a progressivement disparu de ma vie. J'ai survécu spirituellement et moralement. L'image de Jésus a pris de plus en plus de place et j'ai accru le temps et l'espace consacrés à la recherche de son message. La foi n'a cependant pas réduit toutes mes attentes, et elle n'est pas synonyme de bonheur ininterrompu.

J'ai reçu le Dieu de mon enfance en héritage; je ne l'ai pas acquis. Je ne me souviens pas de ce que ma foi en Lui a été. C'était sans doute une foi peu réfléchie, surtout faite d'obéissance, semblable en somme à celle des gens qui m'entouraient, mais, dans mon cas, fortement influencée par celle de ma mère. Malgré ses scrupules et ses images usées, celle-ci avait une grande capacité d'amour et de confiance en Dieu.

Mon adolescence et mes premières années de jeune adulte n'ont connu ni accroissement de ferveur, ni révolte, ni rejet. Ma foi était alors indéfinissable. Elle n'occupait pas une place prioritaire dans mon existence; elle allait et venait au gré des événements, des émotions et des influences. Elle était cependant toujours présente, petite flamme brûlant par une sorte d'habitude, toujours prête à grandir si je lui en laissais l'opportunité.

Une crise, au début de la trentaine, m'a obligé à faire des choix. La foi m'a alors permis, entre autres choses, de dominer une dépendance et elle est devenue plus clairement une compagne de vie. Un besoin de communion s'est fait sentir de plus en plus fort et j'ai peu à peu éprouvé le besoin d'une relation plus intime, plus intérieure avec Dieu. Une rencontre avec Lui est alors devenue essentielle. Mon cheminement personnel reposait alors sur la présence divine, mais je demeurais fragile à toute remise en question.

Aujourd'hui, ma vie est plus calme et plus sereine. Il me paraît de plus en plus essentiel d'approfondir et d'intensifier ma relation avec Dieu et de Lui subordonner mon esprit et mon cœur. Ma foi, de passive qu'elle était, est devenue plus volontaire et présente dans mes activités quotidiennes, n'excluant toutefois pas de fréquents moments de tiédeur.

J'accorde de plus en plus de place à des rencontres privilégiées avec Dieu à travers mes lectures, particulièrement celle de la Bible, et grâce à des actes religieux comme la célébration eucharistique. Certaines circonstances de ma vie de tous les jours, une parole, une musique ou le souvenir d'une personne ou d'un événement, me ramènent à Celui que j'appelle Dieu et en qui mon existence a trouvé sa raison d'être.

➤➤➤➤➤

Si Dieu est un pur esprit, je n'en suis pas un. Voilà pourquoi mes croyances ont besoin de dogmes, de doctrines et de références concrètes. La religion catholique me les a donnés et me les donne encore. Le Dieu qui m'a accroché — et que j'ai ni le goût ni le besoin de remettre en question — est celui de la Trinité, le Dieu Créateur, Sauveur du monde par son Fils Jésus et Esprit. Ce Credo, récité des centaines de fois de façon inconsciente, représente toute la substance de mon engagement profond.

Je n'ai jamais été à l'aise avec un Dieu de vengeance, de peur et de mort. Il y a, particulièrement dans l'Ancien Testament, un message de justice, donc de récompenses et de punitions, qui fait du ciel et de l'enfer des conséquences logiques de la fidélité au Dieu d'Israël. Le message d'amour du Nouveau Testament, surtout dans les figures de Jésus et de Marie, constitue l'essentiel de la doctrine chrétienne. C'est là que je puise mes certitudes. Il est d'ailleurs difficile d'imaginer que cela n'ait pas toujours été, depuis le jour de la Résurrection, la plus grande préoccupation de l'Église. Les premières épîtres de Paul, de Jean et de Pierre ont tellement insisté sur l'amour de Jésus que l'Église aurait pu ne retenir que ce message. Mais ses préoccupations institutionnelles et rituelles ont souvent fait oublier la simplicité des Écritures. Je reconnais bien là des comportements, des priorités et des choix politiques. L'Église a cependant toujours été fidèle à la doctrine de l'Évangile, et la critiquer ne me rend ni plus chrétien ni plus fidèle au message de Jésus. Je m'accommode de ce cadre de ma vie religieuse et, même si je souhaite souvent une Église différente, cela n'est pas suffisant pour me distraire de l'amour que je partage avec le Père, le Fils et l'Esprit Saint.

J'ai déjà mentionné la place qu'occupent dans ma vie la lecture spirituelle et l'Eucharistie. Elles répondent à mon besoin de me sentir supporté. J'ai besoin de la communion des saints. Chaque fois que je me suis abstenu de pratique religieuse, ma foi est devenue désincarnée. Je me suis alors privé de tous ces moments où les rites de l'Église m'aident à garder le contact avec Dieu. Cette nourriture m'est essentielle. Aujourd'hui, le partage de l'Eucharistie éveille en moi une espérance de vie.

La tiédeur représente encore et toujours le plus grand risque dans mon cheminement personnel. Elle me rend souvent vulnérable à toutes ces tentations qui m'assaillent et me font céder à des appétits qui ne s'inscrivent pas dans ma recherche spirituelle. Une certaine intensité doit accompagner la découverte d'abord, puis l'application du message de Jésus. Chaque fois qu'en Église un geste se répète et qu'une prière est dite, une communication s'établit. On donne alors à l'âme l'instrument de sa prière : l'action se réalise, le miracle se produit. Dieu redevient un être de chair et de sang; c'est alors son message d'homme que l'Église me présente.

Ma seule volonté de croire ne me permettrait pas de comprendre cela. La Révélation, base même de la religion catholique d'Abraham à l'Apocalypse, est la synthèse de l'esprit, de l'âme et de ma faible matière humaine. Il est bien évident que cela dépasse ma simple compréhension, et souvent tout est obscurité. Thérèse de Lisieux s'est pourtant servie de la nuit spirituelle qui l'a si longtemps accablée pour exploser dans l'amour de Jésus et de Marie. Elle a écrit des pages parmi les plus belles de la littérature chrétienne. Chez Élisabeth de la Trinité nous retrouvons des témoignages significatifs sur l'importance de la Révélation à travers les prophètes.

Ma lecture des psaumes, de certains textes sublimes comme celui du *Livre de Job* et des évangiles, bien sûr, a largement contribué à établir et à nourrir ma relation avec Dieu. Il y aurait encore tant à découvrir... J'accepte cependant mieux aujourd'hui de revenir à l'essentiel, de privilégier la permanence plutôt que l'accessoire dans ce que je découvre ou dans ce que l'Église me propose. L'essentiel, c'est la foi, qui sera toujours un pari extraordinaire, comme l'a écrit Pascal. C'est aussi l'espérance, qui a si peu de place dans notre société qu'elle ne peut être que d'intervention divine. C'est l'amour enfin qui a fait de Jésus l'être le plus remarquable parce que le plus humain dans le regard éternel qu'il pose sur moi. Quant à l'Église qui m'accompagne, même dans ses pires moments de société d'hommes et de femmes libres, elle a gardé intact le message d'amour du Christ. C'est ce qui la rend éternelle.

➤➤➤➤➤

Ma spiritualité trouve son expression naturelle dans la recherche du dialogue entre Dieu et mon âme. Elle est aussi la vérité, la beauté ou la bonté, selon que l'on fait référence à l'intelligence ou à l'âme créatrice. Ce que j'ai le plus appris de l'être humain, c'est qu'il peut, lorsqu'il exerce sa liberté avec intelligence, c'est-à-dire avec créativité, équilibre et logique, représenter la plus grande réalisation de l'univers. Son intelligence est à l'origine des vérités fondamentales représentatives de son monde de connaissance. Celles-ci ont bâti la philosophie, la science, la psychologie, etc. Lorsque l'homme a perdu sa vision, c'est-à-dire sa profondeur et sa permanence, et qu'il a volontairement sacrifié l'essentiel, sont apparus la stérilité, le vide intellectuel ou, pis encore, le superficiel. Voilà à peu près l'état dans lequel se trouve la pensée contemporaine, une simple caricature de l'esprit où la créativité s'embourbe dans la médiocrité ambiante. Cela laisse présager un réveil particulièrement explosif qu'on se surprend à espérer afin que l'esprit de l'homme soit réinventé.

L'art, l'expression de l'esprit à travers la beauté, peut aussi rendre justice à l'homme. On ne se lasse pas de découvrir ou de redécouvrir ces merveilles que les siècles nous ont léguées. Elles sont les plus beaux témoignages de la grandeur de l'âme et du niveau d'élévation qu'elle peut atteindre dans l'expression des passions qui l'animent. Les musées ne sont ni assez nombreux ni assez grands pour contenir toutes ces merveilles. L'art est grandiose dans les temples de l'esprit et de l'âme lorsqu'il associe l'universel et le particulier. Les trésors de l'Égypte antique comme les merveilles de la peinture italienne de la Renaissance sont des chefs-d'œuvre, quel que soit l'œil qui les admire. Mais, en même temps, leur unicité est protégée parce qu'il est impossible de les substituer l'un à l'autre.

À toutes les époques, l'esprit a souvent été sacrifié en détournant la créativité au profit d'objectifs essentiellement mercantiles. Il y a peu de commentaires à faire sur notre fin de siècle sinon que ce mal s'y est aussi répandu. Les générations futures jugeront.

➤ ➤ ➤ ➤ ➤

Je ressens une certaine insécurité au sujet de la morale. Les règles du bien sont pourtant indissociables de l'acte posé par un être humain autant à titre individuel que comme membre d'une collectivité. Elles sont essentielles pour coordonner le bien commun par la justice et le partage. On ne peut pas, par exemple, prendre indûment la vie des autres ou leurs biens. Ces lois sont acceptées par une grande majorité, et les sociétés qui les ont sacrifiées ont connu des déclins rapides.

Le christianisme a ajouté ses propres règles de morale. C'est ainsi, par exemple, que l'adultère, la calomnie et l'avortement sont devenus irréconciliables avec le message d'amour de Jésus. Ces règles me conviennent, malgré la réticence que je ressens parfois devant une Église qui n'a pas toujours servi d'exemple et manifesté compréhension et compassion envers ses fidèles confrontés à une société laïque éprise de liberté totale et adepte d'une permissivité excluant à peu près toute règle. Jamais le bien n'a-t-il été si difficile à définir! Je ne veux pas d'une Église laxiste qui sacrifie aux dieux de la modernité. J'adhère à la définition de l'amour que le Christ a vécu et enseigné, un amour exigeant la domination des passions et le dépassement de soi. Mais je ne peux qu'observer le désarroi des fidèles qui, comme moi, manquent de souffle et attendent de l'Église moins d'interdictions et plus d'accompagnement. J'ai besoin d'amour et de miséricorde, et je voudrais que mes fautes s'effacent devant l'image de Jésus et de son regard d'amour pour Marie-Madeleine. Même si ma foi est en quelque sorte protégée par les modèles de perfection que sont Jésus et Marie, mon âme est souvent désemparée par sa tragique condition de faiblesse qui la fait succomber si aisément aux tentations. Dans ces moments, j'ai besoin de l'amour infini de mon Maître. Ma foi me fait aspirer à la divinité, mais c'est dans les lois régissant le bien et le mal que je vis ma condition d'homme.

➤➤➤➤➤

Voila comment Dieu et l'Église interviennent aujourd'hui dans mon esprit et mon cœur. La relation avec mon Créateur et la pratique religieuse ont pris une importance plus grande que celle qu'elles avaient connue jusqu'à maintenant. Elles demeurent toutefois dépendantes de mes limites et de ma vulnérabilité.

De multiples questions restent sans réponses. Il m'est difficile, par exemple, de déterminer à quel point je crois parce que je *veux* croire. Quelle est la différence entre ce que je conceptualise et ce que je ressens? Y a-t-il domination de mon esprit sur mon cœur? L'amour du Père, Fils et Esprit — amour où tout commence et où tout se termine — représente-t-il l'ultime expression de ma relation avec Lui? Je n'éprouve pas une aussi grande passion que je le désirerais. Toutefois, mon espérance grandit. Tout ce que Jésus m'a dit et promis, tout ce qu'il m'a enseigné par son Église, tout cela est à ma portée. Un jour viendra où je dirai: «Mon Seigneur et mon Dieu!»

Quand je mourrai, j'entendrai sûrement Dieu me dire: «Je
te l'avais bien dit!»

Jean-Luc Brassard

Jean-Luc Brassard est né le 24 août 1972 à Valleyfield (Québec) et a grandi à Grande-Île, au Sud de Montréal. Très jeune, il pratique de nombreux sports et activités extérieures, notamment la gymnastique. Il chausse ses premiers skis à l'âge de sept ans.

Rapidement, Jean-Luc s'intéresse au ski acrobatique et à la discipline des bosses. Il en apprend les rudiments à Mont-Gabriel, dans la région des Laurentides. Il participe à une première compétition d'envergure à l'âge de 13 ans.

Jean-Luc Brassard détient trois titres de champion canadien et un titre de champion canadien junior. Il n'a que 18 ans, en 1991, alors qu'il remporte la Coupe du monde. Il est le plus jeune skieur à réaliser cet exploit.

Médaillé d'or en 1994 aux Jeux olympiques de Lillehammer, en Norvège, il termine premier au classement final de la Coupe du monde en bosses de 1993, 1996 et 1997. En 1998, il arrive au deuxième rang du classement.

Jean-Luc Brassard a reçu le trophée John Semmelink à trois reprises en quatre ans. Ce trophée est attribué au skieur ayant le mieux représenté le Canada en compétition internationale par son esprit sportif, sa conduite et son habileté.

« On a caché le bon Dieu dans un endroit où les hommes n'iront certainement pas le chercher, c'est-à-dire au-dedans d'eux-mêmes.» Cette phrase traduit bien ce que je ressens à l'intérieur de moi. Je ne crois pas toutefois qu'il s'agisse d'un Être supérieur.

Tout jeune déjà, le ski était ma raison de vivre. Je m'y consacrais entièrement. J'avais déjà la conviction d'avoir en moi un talent, un petit Dieu qui m'aidait à affronter les difficultés. C'est lui qui m'a permis de me dépasser.

J'ai déjà réfléchi à la foi, mais j'ai trouvé cela trop abstrait. Je n'ai pas toujours besoin de concret, de précision ou de statistiques, mais la foi me semble trop hypothétique. Cela n'empêche pas que certains passages de la Bible sonnent bien à mon oreille. Je pense entre autres à des phrases comme «Ne faites pas aux autres ce que vous ne voulez pas qu'ils vous fassent» ou «Que celui qui n'a jamais péché lui jette la première pierre». Elles rejoignent l'idée que je me fais de la morale: honnêteté, respect et droiture envers moi-même et envers les autres.

L'Église en tant qu'institution me pose cependant des problèmes. Elle a longtemps eu un esprit de gang. Elle cherchait à recruter de nouveaux membres, et ce au mépris des traditions des gens qu'elle voulait convertir. Même si j'appartiens à une famille catholique très pratiquante, les rites et les sermons ne me rejoignent pas. Je n'y sens pas de passion. Le discours religieux m'a toujours semblé trop moralisateur. Mais j'en ai tiré une leçon. Quand je visite des écoles et que j'y rencontre des élèves, j'évite à tout prix d'être moralisateur. J'encourage les jeunes à trouver ce qui les accroche dans ce que je leur raconte et à l'adapter à leur propre réalité. J'essaie de leur faire partager ma conviction que nous sommes tous responsables de notre sort.

Plusieurs personnes que j'ai rencontrées m'ont affirmé que la foi les avait aidées à affronter les épreuves de leur vie. Je peux aisément comprendre leur point de vue. Dans les courses auxquelles je participe, je m'accroche moi-même à quelque chose. J'ai toujours sur moi, par exemple, une médaille de saint Jude, le patron des causes désespérées. Les épreuves que je dois affronter, celles des Jeux olympiques entre autres, sont, d'une certaine façon, des causes désespérées. Je fais alors face à un degré de difficulté qui me dépasse. Même si je suis entouré par les gens des différentes fédérations, par mes entraîneurs et mes physiothérapeutes, je n'en participe pas moins à un sport qui se vit en solitaire. Je suis responsable de toutes mes décisions. Ma petite médaille me sert alors de béquille. Au départ d'une course, je me dis parfois que j'ai fait tout ce que je pouvais faire. Je confie la suite des événements à saint Jude. Je ne lui demande pas de me faire gagner. Ce serait égoïste de ma part. Je lui demande plutôt de faire en sorte que tous les participants à la course la terminent en bonne santé et heureux d'avoir pratiqué ce sport. C'est ma façon de prier.

➤➤➤➤➤

Quand je pense à la grandeur de l'Univers, je sens que je n'y suis que de passage. Mais je ne me fais pas un problème avec ce qui va suivre. Y a-t-il un paradis et un enfer? Je ne sais pas. La vie est belle au présent, et je ne me fais pas de tracas à essayer d'imaginer ce qui arrivera après. S'il y a quelque chose, j'aurai l'éternité pour le découvrir. Je préfère vivre mon présent sans me mettre trop de pression. Les compétitions sont comme des vies en résumé. Si j'y multiplie les attentes, je risque de ne pas être à la hauteur.

>->->->->-

Tous et chacun, nous avons besoin d'une spiritualité, mais nous avons de la difficulté à en parler. Nous ressentons une certaine gêne à le faire, de peur de passer pour des fous, des illuminés ou des membres d'une secte. La spiritualité aide à tracer une ligne de conduite à notre vie. Par exemple, si je crois au karma, je me dis que mes mauvais coups me retomberont sur la tête. J'éviterai alors de faire du mal aux autres. Cela n'implique pas de consacrer sa vie à mettre Dieu de son bord ou, s'il y a une vie après la mort, de souhaiter absolument être «du bon côté». Je crois au juste milieu. Comme j'ai beaucoup reçu, il est normal que je donne beaucoup.

La montagne, les grands espaces, les déserts par exemple, m'inspirent et m'aident à me ressourcer. Je suis un amant de la montagne. Pour moi, elle exprime le beau, le gigantesque et l'extraordinaire. Sa beauté est autant dans ce qu'elle a de majestueux que dans la petite fleur qui y pousse. La nature me rappelle que je suis un brin d'herbe dans l'Univers.

Le premier camp d'entraînement de l'équipe canadienne auquel j'ai participé se tenait dans l'Orégon. Il y avait là un volcan dont j'ai fait l'ascension. Un peu inconscient, j'ai entrepris cette longue escalade sans même apporter de l'eau. Quand j'ai atteint le cratère du volcan, j'étais à bout de souffle. J'aurais pu penser que j'avais vaincu la montagne. Pourtant, c'est une sorte de prière qui m'est venue à l'esprit. J'ai dit: «Merci de m'avoir permis d'atteindre le sommet. Merci de me laisser savourer ce paysage magnifique.» Je me suis alors senti apaisé. J'étais dans la nature et je me demandais pourquoi les êtres humains s'entêtent à la détruire.

Marcher dans les bois et me coucher au bord d'un cours d'eau me procurent des moments de ressourcement extraordinaires. Je me souviens de m'être promené dans un bois au Japon. Malgré la présence de l'aéroport à proximité, j'étais le plus heureux des hommes. J'entendais le chant des oiseaux, je respirais l'odeur de la terre et des arbres et, même si une semaine me séparait de ma compétition, j'ai soudain eu la conviction que j'allais la gagner. Et c'est ce qui est arrivé! Je me suis senti en harmonie avec moi-même et tout s'est bien déroulé. La spiritualité, c'est être en harmonie avec soi-même et avec la nature. Je rappelle souvent aux jeunes que je rencontre l'importance de trouver leur voie. C'est elle qui leur permettra de vivre une vie harmonieuse. Leur désir et leur volonté de réussite seront plus grands que les obstacles qu'ils rencontreront.

Certains témoignages me touchent beaucoup quand ils expriment la grandeur de l'être humain. J'ai rencontré, par exemple, une jeune fille de dix-huit ans atteinte d'un cancer. On avait cru qu'en l'amputant d'un pied on pourrait arrêter la progression de sa maladie. Mais on s'est rendu compte que les métastases avaient atteint les poumons. La médecine ne pouvait plus rien pour elle. Quand je lui ai demandé si elle avait peur de mourir, elle m'a répondu: «Si j'arrête de croire que je vais guérir, je viens de perdre mon combat. J'essaie de vivre chaque seconde et chaque minute de ma vie. Si je me surprends à penser à la mort, je change de page. Je repars de l'avant et je continue à vivre.» J'ai pensé que, pour elle, la vie était un engagement de tous les instants comme ceux que, moi, je vis lors des compétitions.

J'aime lire des biographies. Comme je suis sportif, la vie des athlètes m'intéresse. Gilles Villeneuve, par exemple, m'a beaucoup inspiré. Comme lui, je suis parti de rien. Je me suis longtemps entraîné dans ma cour ou dans un bois près de chez moi. Comme lui, j'ai rencontré des difficultés et sa vie m'a donné des leçons de courage.

Il n'est pas facile d'aller au bout de nos rêves. Comme une montagne que l'on désirerait escalader, nos rêves, vus d'en bas, semblent irréalisables. Pourtant, dès qu'on commence l'ascension de la montagne, notre vision change. Nous sentons que nous progressons, et les obstacles n'ont plus la même dimension. Nous prenons les décisions logiques qui s'imposent afin de les surmonter sans nécessairement les contourner. Nous avançons petit à petit vers notre but.

Il est important cependant de réaliser que si les obstacles deviennent trop grands, nous devons nous respecter assez pour ne pas y laisser notre peau. Ce que j'appelle l'apprentissage «du bas» nous fait aussi progresser. Tout ce qui nous arrive a sa raison d'être. Il y a une leçon à en tirer et un apprentissage à y découvrir. Le véritable échec, c'est de ne pas entreprendre quelque chose. Même s'il nous laisse un goût amer, l'échec nous aura tout de même permis de mettre des expériences nouvelles dans nos bagages.

➤➤➤➤➤

Si, à ma mort, Dieu me demande si j'ai chaque jour profité de la vie à 100 %, j'aimerais bien être en mesure de lui répondre OUI.

Louise Deschâtelets

Louise Deschâtelets est née à Montréal où elle fait ses études primaires et secondaires. Après son baccalauréat ès arts, elle obtient un diplôme d'enseignement de phonétique et d'art oratoire. Elle suit également des cours de stylistique et d'interprétation dramatique, de mime, d'improvisation et de jazz. Avant de devenir comédienne professionnelle, elle enseigne durant trois ans la phonétique, l'art oratoire et la stylistique.

Depuis les débuts de sa carrière, Louise Deschâtelets évolue dans les domaines de la radio, de la télévision, du théâtre et même du cinéma, comme animatrice et comme comédienne. Ses rôles sont nombreux et variés: de Bilou 5 Foins (*La souris verte*) et Mademoiselle Bellerose (*Symphorien*) à Louise (*Chambres en ville*) en passant par Doudou (*La rue des Pignons*) à la télévision, elle est également très présente au théâtre. Elle a joué dans plus de 25 pièces depuis ses débuts en 1968.

Elle a reçu le trophée *Artis* de la meilleure actrice à la télévision (1986 et 1987) et de la meilleure animatrice à la télévision (1988) ainsi que le *Métrostar* de la meilleure animatrice de radio (1986 et 1987).

J'ai la foi depuis ma naissance. J'ai été baptisée et élevée dans la religion catholique. J'ai toujours cru en Dieu, même si, à certains moments, j'ai vécu de petites révoltes contre la religion; pas tellement contre Dieu, mais contre la religion.

La foi est, pour moi, un important principe de vie. Je crois en l'existence d'un Être suprême qui m'a permis de venir au monde, de vivre sur cette terre et m'a donné la liberté de faire quelque chose de ma vie. J'ai quelques réticences à l'égard de l'Église, de certains de ses dogmes, de ses fonctionnements et, surtout, de certaines gens qui la représentent. Mais le grand principe de Dieu, la charité, est celui avec lequel je tente de gérer ma vie.

Au quotidien, ma foi est quelque chose d'intérieur. Je ne suis pas vraiment pratiquante depuis l'âge de seize ou dix-sept ans. Je participe aux célébrations de Noël et de Pâques, ainsi qu'aux services religieux soulignant des passages de la vie, la naissance ou la mort par exemple. En dehors de ces temps forts, ma foi s'exprime essentiellement entre Dieu et moi par la prière et le contact que j'essaie d'entretenir avec Lui. Pendant longtemps, cette tentative de prise de contact se manifestait surtout dans les moments difficiles de ma vie. Depuis quelques années, j'essaie d'entretenir le dialogue avec Dieu «même si ça va bien». Je n'utilise pas de prières toutes faites; je leur préfère un langage simple et humain. Je m'adresse directement à Dieu ou je passe par ma mère, qui est sûrement à ses côtés. Je suis heureuse de cette évolution qui s'est manifestée en même temps qu'un besoin plus profond d'avoir des principes de vie et de les vivre au quotidien. Je ne pense pas que Dieu me demande d'aller à l'église. Je suis certaine cependant qu'il me demande d'être en contact avec Lui et de ne pas perdre de vue la société viable et vivable dans laquelle Il désire nous voir vivre. Je conçois mon rôle de catholique dans ce monde comme en étant un d'attention aux gens dans le besoin et d'écoute de ce que Dieu désire que je fasse pour eux.

Enfant, j'ai fréquenté des couvents tenus par des religieuses. J'ai eu la chance, au cours de toute ma scolarité, d'être éduquée par de bonnes religieuses. Je garde d'ailleurs des contacts avec deux d'entre elles qui m'ont particulièrement marquée. J'ai connu la première quand j'étais au primaire, l'autre au moment du baccalauréat. Elles ont sûrement une grande part dans la foi que j'ai toujours gardée.

Sœur Wilfrid-Joseph était notre professeure d'art culinaire, au primaire. Sans être à proprement parler une intellectuelle, elle m'a appris à aimer Dieu «pour les bonnes raisons». Cette religieuse était aussi sacristine à l'église Saint-Jean-Berchmans, dans le quartier Rosemont où j'habitais. Elle m'a formée à devenir moi-même une bonne sacristine. Elle m'a donné le goût du décorum, celui qui se pratiquait dans les cérémonies religieuses d'alors, et celui que je retrouve encore dans la pratique de mon métier de comédienne. J'aime la Beauté, et je pense que l'on ne peut être bien avec Dieu que dans la Beauté. Les rites religieux m'ont toujours plu, justement à cause de leur beauté et de leur grandeur. J'aime moins ce qu'ils sont devenus; je les trouve de moins en moins intégrés à la vie.

C'est à l'adolescence que j'ai ressenti la révolte dont j'ai parlé auparavant. Il y avait encore, à cette époque, des relents de la pratique religieuse obtuse et repliée sur elle-même qui avait été celle de la grande noirceur. Cette façon de concevoir la foi ne tenait pas compte de l'humain. La moindre désobéissance à l'Église était un péché. Et tous les péchés semblaient avoir la même gravité.

J'avais toujours trouvé difficile de me confesser; au moment de l'adolescence, je ne voulais plus en entendre parler. Ma mère m'a alors parlé des pères du Très-Saint-Sacrement chez qui elle allait elle-même se confesser. Elle les trouvait plus ouverts d'esprit, plus compréhensifs aussi, que les prêtres de notre paroisse. Ma mère s'était mariée «sur le tard», vers la fin de la trentaine, après s'être occupée, en tant qu'aînée de sa famille, de ses frères et sœurs. Elle a eu trois enfants et n'en désirait pas d'autres. À cette époque, «empêcher la famille» était quelque chose de grave. Elle a trouvé attention et compréhension chez les pères à qui elle se confessait. Ils savaient reconnaître la bonté profonde des êtres malgré leurs imperfections.

J'ai donc suivi le conseil de ma mère. Je suis allée me confesser chez les pères du Très-Saint-Sacrement. J'ai exprimé franchement mes sentiments et j'ai reçu l'aide dont j'avais besoin pour franchir ce cap difficile. Cela ne m'a pas empêchée, après cette période, d'être moins pratiquante, du moins dans le sens que l'on donne généralement à ce mot.

Ma foi m'aide à ne jamais perdre de vue que, même si je suis une privilégiée de l'existence, cela ne fait pas de moi un être au-dessus des autres. La foi ne s'exprime pas seulement dans des prières, des attitudes ou des gestes religieux. Elle fait partie de la vie de tous les jours. Sourire aux gens dans la rue, les regarder quand ils me parlent, écouter ce qu'ils ont à me dire sont des éléments importants de ce qui est, pour moi, ma pratique religieuse. Je ne suis pas une mère Teresa; je n'ai pas voué ma vie au service des autres. J'essaie tout de même d'être présente, par exemple, aux gens avec qui je travaille, à mes voisins et à mes amis. S'ils ont besoin de moi, j'essaie de leur consacrer un peu de mon temps malgré mes horaires chargés.

>->->->->-

La spiritualité est un état d'âme. On peut ne pas avoir la foi, ne pas avoir de pratique religieuse, mais tout de même avoir une vie spirituelle intense. En ce qui me concerne, ma spiritualité se réfère à Dieu. Cette référence est chez moi plutôt émotive, enfantine même: je vois Dieu comme celui qui me force à me surveiller... Cela vient sans doute de mon éducation religieuse.

La spiritualité va de pair, je crois, avec le sens moral. Bien des gens sont souvent amoraux — pas nécessairement immoraux — sans même s'en rendre compte, sans même réaliser qu'ils font des choses qui n'ont aucun bon sens. La spiritualité nous permet d'effectuer des retours sur nous-mêmes, d'analyser objectivement nos rapports avec nos frères et sœurs, nos parents et amis, nos conjoints ou conjointes, etc. Elle nous aide à améliorer nos relations de travail, à trouver pourquoi nous avons plus ou moins bien agi envers quelqu'un et comment réparer le tort que nous lui avons causé. Elle nous permet de nous défendre si nous avons été attaqués — je ne suis pas d'accord de tendre la joue droite si l'on m'a frappée sur la gauche...

Je lis beaucoup. Plusieurs genres m'intéressent: roman, biographie, psychologie, psychanalyse, etc. Certaines lectures remettent ma foi en question; d'autres, au contraire, la confortent. La lecture, le cinéma, les conversations entre amis sont souvent des moyens pour moi de revoir mes principes, religieux ou autres, de réfléchir à mes valeurs et de revenir à celles que je tiens pour essentielles. Je ne lis pas la Bible, mais les recherches que j'effectue parfois pour mieux comprendre les principes d'autres religions me poussent à revenir à mes propres racines religieuses et spirituelles.

➤➤➤➤➤

Je veux avoir une belle vieillesse, être une vieille personne à qui l'on aura envie de parler. Il me semble que vieillir n'est pas une raison pour s'arrêter de vivre, se replier sur soi et se convaincre de posséder la vérité. Je veux vieillir le plus longtemps possible en évoluant jusqu'à la fin de ma vie. À ma mort, j'aimerais que Dieu me dise que j'ai vieilli en m'améliorant.

Liza Frulla

Née à Montréal, Liza Frulla détient un diplôme ès arts du Collège Basile-Moreau et une maîtrise en pédagogie de l'Université de Montréal.

De 1974 à 1976, elle est au service des affaires publiques du comité organisateur des Jeux olympiques de Montréal. Elle devient par la suite la première femme reporter sportif attitrée à la couverture du sport professionnel en média électronique.

Elle a occupé des postes de responsabilité dans certaines agences de publicité internationales, puis à la Brasserie Labbatt et à la station radiophonique montréalaise CKAC.

Élue députée du Parti libéral du Québec dans la circonscription de Marguerite-Bourgeoys le 25 septembre 1989, elle est nommée ministre des Communications du Québec en 1989, ministre de la Culture en 1990 et, finalement, ministre de la Culture et des Communications, responsable de la francophonie, en 1994.

Le 12 septembre 1994, elle est réélue députée dans la circonscription de Marguerite-Bourgeoys, pour un second mandat. Elle est vice-présidente de la Commission de la Culture et porte-parole de l'Opposition officielle pour les dossiers de la région du Grand Montréal.

Depuis le 7 septembre 1998, elle anime l'émission *Liza* à la télévision de Radio-Canada.

Je suis née dans une famille italienne très croyante, et la foi m'a été, pour ainsi dire, transmise. Devenue adulte, j'ai choisi de continuer dans cette voie. Avoir la foi signifie pour moi croire en une force supérieure et enveloppante que certaines personnes appellent le Bon Dieu, d'autres Yahvé ou encore Jéhovah... Je crois en Quelque chose qui est là, qui me supporte et dont je sens la présence. Ma foi se situe au niveau du cœur. Elle n'est pas rationnelle ou sentimentale; elle est un tout qui me remplit.

Dans le cadre de l'émission de télévision que j'anime[1], j'ai rencontré une jeune catholique qui avait choisi de devenir bouddhiste. Cette rencontre m'a fait réaliser que je n'avais moi-même aucune raison d'aller «voir ailleurs». La religion catholique, la foi catholique, les vertus catholiques, me satisfont tout à fait.

Ma foi est importante. Quand les choses vont bien et que je réalise à quel point je suis privilégiée, je prends le temps de remercier le Bon Dieu. Quand, au contraire, les choses vont mal, la foi est une chose à laquelle je peux me raccrocher.

---

[1]   Au moment de cette entrevue, madame Liza Frulla animait une émission sur les ondes de la SRC.

Pour moi, la morale judéo-chrétienne repose principalement sur la charité et le respect de l'autre. Ces grands principes de vie m'ont été inculqués dans mon enfance, et j'éprouve toujours le même respect envers eux. À cette même époque, j'ai beaucoup lu la *Bible illustrée*. J'adorais les histoires que l'on y racontait comme celles d'Abraham et de ses enfants, des tribus qui se sont formées, des premiers prophètes, etc. D'autres enfants et moi jouions les personnages bibliques en nous déguisant à l'aide de longs voiles... Plus tard, à l'école, j'ai réalisé que je connaissais tout l'Ancien Testament. J'étais première de classe en religion.

Par la suite, les activités de ma vie m'ont fait mettre ces lectures bibliques en veilleuse. Il n'en reste pas moins que l'Ancien Testament et le Nouveau Testament sont encore pour moi des guides de vie en ce qui concerne ma foi, ma religion et ma spiritualité.

À l'occasion d'un voyage en Israël, j'ai visité le tombeau de Jésus. En y entrant, j'ai été prise d'une émotion très forte. Comme dans un *flashback*, je me suis sentie replongée dans mon enfance, dans tout ce que j'y ai vécu, dans mes croyances aussi. Je suis ressortie en pleurant. J'avais l'impression que ce contexte religieux m'avait donné raison de croire.

→-→-→-→-→

Je suis pratiquante, mais je n'en considère pas moins que l'Église soit contestable. Il suffit de jeter un regard sur les siècles passés pour justifier le bien-fondé de cette contestation.

La foi et les institutions religieuses sont deux choses différentes. Je ne crois pas que les rites religieux soient essentiels dans un cheminement spirituel. Il m'arrive cependant d'aller à la messe, particulièrement lorsque je suis en voyage. Les rites et l'atmosphère qui s'en dégage sont alors pour moi des façons de célébrer ma foi et de me replonger dans un environnement religieux.

À l'époque de mes études dans une institution dirigée par des religieuses, la religion avait pour moi une plus grande importance qu'aujourd'hui. Comme beaucoup d'autres, j'ai rejeté, par la suite, les notions de péché, de mal et d'enfer ainsi que l'obligation d'accomplir des rites. Une grande partie de la société québécoise a réagi ainsi face à la religion catholique qui tentait de convaincre les gens en utilisant des sentiments négatifs comme la peur et la menace.

Je qualifierais ma foi d'inébranlable, mais la religion, elle, ne m'est pas indispensable. Je ne me sens ni coupable ni moins croyante quand je ne la pratique pas.

La spiritualité, pour moi, représente autre chose que la religion. Elle permet de retourner en soi et d'aller à l'essence même de son âme. J'ai rencontré, par exemple, des jeunes dont la spiritualité consistait à croire en eux-mêmes et à la force qui leur permettait de continuer à vivre.

Ma spiritualité est reliée à la foi qui m'habite et à ma religion, et je ne ressens pas, pour le moment, le besoin de me questionner ou d'évoluer vers autre chose.

La mort de personnes dans la trentaine ou la quarantaine me fait réfléchir et me ramène à la réalité, même si je me trouve un peu jeune pour envisager ma propre mort. En fait, je ne veux pas y penser, probablement parce que, comme tout le monde, j'ai peur de l'inconnu, de la fin et, surtout, de la souffrance.

J'ai demandé au Bon Dieu de me faire mourir de façon foudroyante dans mon sommeil. Je ne sais pas quand ma mort arrivera, je ne sais pas à quel moment «mon numéro sortira», mais je suis prête à échanger dix ans de ma vie pour ne pas souffrir.

Je souhaite trouver dans la mort une grande paix, une confiance profonde. Je suis presque certaine que cela se réalisera. Il faut qu'il y ait une suite, même pour les plus grands bandits. Il me semble qu'il faut qu'ils aient la chance de racheter leur âme. Il y a aussi l'idée de la réincarnation... J'éprouve de la confusion, mais il me semble qu'il doit y avoir une suite logique à la vie...

Jacques Genest

Jacques Genest est né à Montréal le 29 mai 1919. Il fait ses études classiques au Collège Jean-de-Brébeuf, puis ses études médicales à l'Université de Montréal. Il est reçu docteur en médecine en 1942. Il fait également plusieurs années d'études post-doctorales: trois années à l'Hôtel-Dieu de Montréal, trois années à l'Hôpital Johns Hopkins, trois années à l'Institut Rockefeller de New York et une année d'enquête sur les grands centres hospitaliers universitaires et la recherche médicale en Europe de l'Ouest.

À partir de 1952, il œuvre au département de recherche clinique de l'Hôtel-Dieu à titre de directeur. En 1961, il est cofondateur de la Société canadienne de recherche clinique et en devient le premier président. En 1964, il fonde le Conseil de recherches médicales du Québec, devenu le Conseil de la recherche en santé du Québec puis le Fonds de la recherche en santé du Québec.

En 1967, Jacques Genest fonde l'Institut de recherches cliniques de Montréal. Il en devient le directeur scientifique, poste qu'il occupe jusqu'en 1981.

Ses mémoires ont été enregistrées en 1971 par la Macy Foundation pour la Bibliothèque nationale de médecine à Washington et en 1982 par l'Université Harvard en tant que *Leader in American Medicine*. Jacques Genest est reçu Compagnon de l'Ordre du Canada en 1963, Fellow de la Société royale du Canada en 1965, Grand Officier de l'Ordre national du Québec en 1991. Il est nommé au Temple canadien de la renommée médicale en 1994. Il a reçu douze doctorats honorifiques, dont un de l'Université Rockefeller de New York.

Les hommes de science étudient les mécanismes des phénomènes qui les entourent, ainsi que leurs causes immédiates. C'est ainsi que j'ai examiné les fondements de ma foi et les raisons que j'avais de croire dans un Être Suprême et, qui plus est, en un Dieu personnel. Ni mes lectures ni mon expérience scientifique ne m'ont apporté une preuve directe de l'existence de Dieu, mais elles ne m'ont pas non plus prouvé qu'Il n'existait pas.

L'étude de l'évolution démontre que nous sommes le fruit d'innombrables mutations génétiques soumises à la sélection naturelle de celles qui sont les plus bénéfiques et les plus résistantes. Les darwinistes et de nombreux scientifiques affirment que ceci est le fruit du hasard seul et qu'il n'est pas nécessaire de faire appel à une intervention divine. Toutefois, Christian de Duve insiste qu'un tel hasard est contraint par les lois physico-chimiques dont dépendent la charge électrique des atomes et la conformation des molécules et de leurs récepteurs. Ces charges, en facilitant ou inhibant les réactions chimiques, exercent donc une influence certaine sur la formation des acides nucléiques et des protéines qui contrôlent les métabolismes et la croissance. Mais l'affirmation selon laquelle l'évolution serait l'influence totale et unique du hasard, depuis l'évolution de la vie d'une première cellule il y a 3, 5 milliards d'années jusqu'à l'humain, est difficile à accepter pour les raisons qui suivent.

Les progrès phénoménaux de la biologie moléculaire des 30 dernières années montrent le haut degré d'homogénéité dans tout le système végétal et animal, entre les gènes, les protéines, la constitution cellulaire, les systèmes enzymatiques et métaboliques, les facteurs de croissance et ceux qui sont responsables de la diversité du monde biologique. Les mêmes gènes sont partagés à 98-99 % par le chimpanzé et par l'homme. Mais quelle formidable différence entre les deux espèces, où l'on trouve chez l'homme l'habileté de communication par un langage organisé, le raisonnement logique, un libre arbitre et une imagination créatrice.

L'homme vit dans des frontières étroites de température, de temps, d'espace et de vitesse de déplacement. Mais dès qu'il sort de ces frontières et qu'il entre à l'échelle de l'infiniment grand, c'est-à-dire le cosmos (l'astrophysique), ou de l'infiniment petit, c'est-à-dire l'atome (physique nucléaire), les mêmes échelles prennent des dimensions étourdissantes où les chiffres ne veulent plus rien dire! Les systèmes macrocosmique (univers) et microcosmique (atome) fonctionnent dans une harmonie et un ordre si extraordinaires qu'il est impossible de ne pas être saisi d'une admiration inexprimable. Dans le domaine de l'infiniment petit à l'échelle sous-nucléaire, il devient impossible de mesurer à la fois la position, la direction et la vitesse de ces particules sous-atomiques et de comprendre la dualité onde-particule des photons. D'où le principe d'incertitude d'Eisenberg, fondé sur la statistique des probabilités.

Il est presque impossible d'accepter qu'un nombre aussi grand de probabilités aussi infinitésimales de mutations qui seraient dues au seul hasard puissent aboutir à un si haut degré de précision, d'intégration et d'harmonie, que ce soit sur le plan de l'atome ou celui des astres. Même de Duve, en calculant les chances d'avoir une main de 13 piques au bridge, qui sont d'une sur 685 milliards de données, ajoute: «On nous sert des mains de 13 piques, non pas une fois mais des milliers de fois en succession. Ceci est tout à fait impossible, à moins que la distribution ne soit organisée à l'avance.» Guye et Lecomte, ou Nouy, ont d'autre part calculé qu'après avoir mêlé 50 boules blanches et 50 boules noires dans un récipient, les chances de séparer complètement les boules noires des blanches en les laissant tomber dans un tube d'à peu près le même diamètre sont inférieures à 1×10^{59}. Pourtant, il ne s'agit que de deux variables: blanches et noires. S'il y avait 500 ou 1000 boules de cinq couleurs différentes (pour le carbone, le soufre, le phosphore, le potassium, le sodium), la possibilité de les séparer atteindrait une probabilité d'un ordre inimaginable!

Le bon sens, fruit de la raison et de l'intuition, fait plutôt penser à une impossibilité sur la base du hasard seul, même contraint par les lois physico-chimiques, que tant de conditions diverses et différentes puissent s'unir progressivement et simultanément pendant près de trois milliards d'années pour conduire à des organismes pluricellulaires aussi complexes et harmonieux que l'homme avec ses qualités uniques, sans un plan directeur.

Mais il y a des raisons plus fortes qui me font penser à une prépondérance de l'évidence en faveur de l'existence d'un Être Suprême. 1) Il s'agit de la tendance naturelle, chez tout être humain, de préférer «instinctivement» ce qui est bon à ce qui est mauvais, ce qui est juste à ce qui est injuste, ce qui est vrai à ce qui est faux. Cette tendance est aussi celle de la recherche de l'infini et du transcendant et, selon les termes de Jean Dausset, du «besoin profond de l'âme humaine de s'élever au-dessus de sa condition animale». Cette tendance (autrefois appelée loi morale), qui est propre à l'homme, ne serait-elle pas d'origine divine? 2) Il est difficile d'accepter que les constantes universelles et les lois physico-chimiques, qui sont responsables de l'ordre harmonieux du cosmos comme des phénomènes de la vie, soient dues au hasard. Ces phénomènes obéissent au déterminisme imposé par ces lois, qui doivent bien avoir une origine, c'est-à-dire Dieu. 3) Le principe d'inférence formulé par Williams Occam au XIVe siècle, selon lequel on peut «postuler ou affirmer l'existence réelle d'êtres non observés et non observables si — et seulement si — leur existence est indispensable à l'explication des phénomènes observés». Il s'agit donc d'une existence réelle, sur la base de la prépondérance de l'évidence, ou *«beyond a reasonable doubt»*. C'est ce principe que Cicéron avait exprimé si simplement au premier siècle avant Jésus Christ dans *La nature des dieux*: «La principale cause est la régularité du mouvement, la révolution du ciel, la distinction entre le soleil, la lune et toutes les étoiles, leur utilité, leur beauté, leur ordre. La vue de pareilles choses à elle seule montre assez qu'elles ne sont pas dues au hasard. Si l'on entre dans une maison, dans un gymnase ou sur une place, en voyant l'arrangement, la mesure, l'organisation de toutes choses, on ne peut croire que tout cela s'est fait sans cause et l'on voit bien qu'il y a quelqu'un qui est à la tête et à qui l'on obéit. Mais, même et encore plus, dans tant de mouvement, dans tant de successions dans l'ordre des choses si nombreuses et si grandes qui, dans la durée infinie et sans mesure, ne s'est jamais démentie, on doit certainement conclure qu'une intelligence gouverne de si grands mouvements.»

À ces arguments, on peut ajouter celui de la coadaptation d'organes complexes, formés de plusieurs composantes, comme l'œil, l'oreille, le rein ou autres, qui rend difficile qu'elle soit uniquement le fruit du hasard. Il en est de même pour les systèmes irréductibles des cascades moléculaires et métaboliques (p. ex. coagulation), peu compatibles avec le concept d'évolution graduelle due au seul hasard et à la sélection naturelle.

Enfin, l'argument négatif de la non-existence de Dieu, et que tout est uniquement le fruit du hasard, revient à dire que notre vie serait absurde et n'aurait alors aucun sens. Nous ne serions qu'une simple fourmi, un simple plancton, un simple krill! À quoi servirait-il donc de vivre? Beaucoup d'hommes de science s'arrêtent ici dans leur recherche de la vérité, parce qu'il n'y a pas de preuve scientifique ou expérimentale de l'existence d'un Être Suprême. Je ne puis partager cette attitude que Dieu n'existe pas simplement parce que l'homme a une explication scientifique des phénomènes biologiques et du cosmos. Comment pourrait-il en être autrement si l'homme ne pouvait rien comprendre aux merveilleux mécanismes qui règlent la nature et son environnement? À quoi lui servirait donc sa raison, sa capacité d'analyse et de déduction, sa soif de savoir et son désir incontrôlable de découvrir? C'est pourquoi il apparaît plus conforme à la raison et au bon sens, devant tant de grandeur, tant de complexité si raffinée, si harmonieuse et si précise, d'admettre l'existence d'un auteur, c'est-à-dire de Dieu.

Si donc il y a une prépondérance de l'évidence de croire *«beyond a reasonable doubt»* à l'existence de Dieu, serait-il logique qu'Il ait laissé l'homme à la dérive, seul et isolé?

Car, si Dieu n'existe pas, alors le suicide devient une solution courageuse et logique pour ceux qui désespèrent du sens de la vie humaine. L'autre attitude, qui est celle préférée par les masses, est l'indifférence totale et une vie quotidienne remplie de futilité et de bagatelles. Sénèque les avait bien décrits dans une de ses lettres à Lucilius: «Manger, dormir, faire l'amour, le cycle sans fin...»

Mais si Dieu est à l'origine de l'être humain et de son environnement, il est logique de penser qu'Il entretient des liens personnels avec lui et qu'Il n'a pu abandonner l'homme à lui-même, seul dans l'immensité de l'univers et des êtres biologiques.

La pierre d'angle de ma foi en un Dieu personnel est la résurrection du Christ, fondée sur de nombreux témoignages du Nouveau Testament. Elle est aussi son message sublime, fondé sur l'amour désintéressé des autres et sur le pardon, source de paix et de sérénité; message qui couronne les enseignements des grands sages (Aristote, Socrate, Platon, Bouddha, Confucius) et des stoïciens (Cicéron, Sénèque, Épictète) sur une philosophie-conduite-de-la-vie basée sur les valeurs fondamentales de la maîtrise de soi, de la prudence, de la justice, du courage et du service du bien public.

La foi n'exclut pas le doute, car la vie elle-même comporte trop de mystères, et qui dit mystère dit doute. Il y a de nombreuses questions qui restent sans réponse et que nous devons accepter telles quelles par suite de l'insuffisance de notre raison et de ses limites. J'aime citer le docteur French Anderson, le père de la thérapie génique, qui, lors d'une entrevue à la télévision en 1999, répondait au docteur Robert Schuller qui lui demandait comment il alliait science et religion. Le docteur Anderson répondit immédiatement: *«What we do in science is only to learn how God has done it!»*

Ma religion est l'Eucharistie, qui me rattache au Christ divin. La messe dominicale est une chose formidable et c'est avec joie que j'y participe sans me sentir aucunement obligé de le faire. Ma prière est celle du *Notre Père*, prière qui résume toutes les autres, qui permet de méditer sans limite et d'exprimer toutes nos demandes d'aide à Dieu. «Donnez-nous notre pain de ce jour.» Ce pain, c'est la lumière qui permet de mieux rejoindre Dieu; c'est la sagesse qui nous aide à mieux nous comporter, qui nous aide à exercer un meilleur contrôle de nous-mêmes.

Il est à espérer que les découvertes de la science, en nous faisant parvenir à la connaissance de la constitution ultime de la matière et de l'origine du cosmos, nous amèneront alors à la Vérité absolue que l'homme recherche tant et donneront une réponse objective aux grandes questions de la métaphysique et de la religion.

Victor Goldbloom

Né à Montréal, où il fait également ses études, Victor Goldbloom pratique et enseigne la pédiatrie pendant de nombreuses années. Il œuvre activement au sein de l'Association médicale canadienne et d'autres associations professionnelles.

En 1966, il est élu à l'Assemblée législative du Québec et accède au Cabinet en 1970. Il est le premier ministre de l'Environnement dans l'histoire du Québec; il conserve ce portefeuille pendant six ans. Pendant les quatre dernières années de son mandat, il occupe aussi le poste de ministre des Affaires municipales. En 1975, monsieur Goldbloom est en outre désigné ministre responsable de la Régie des installations olympiques.

En 1979, il quitte son siège pour devenir président-directeur du Conseil canadien des Chrétiens et des Juifs et, de 1982 à 1990, président de l'Amitié internationale judéo-chrétienne.

De 1987 à 1990, il préside le Bureau d'audiences publiques sur l'environnement du gouvernement du Québec puis devient, de 1990 à 1991, directeur général du Fonds de la recherche en santé du Québec. En juin 1991, il devient le quatrième Commissaire aux langues officielles du Canada, fonction qu'il occupe jusqu'en juillet 1999.

Victor Goldbloom a reçu des doctorats honorifiques de plusieurs universités canadiennes. Il est officier de l'Ordre du Canada et Officier de l'Ordre national du Québec.

Je suis fortement engagé dans ma religion, et peut-être plus encore dans ma communauté.

La religion juive n'a ni portraits ni autres représentations de Dieu. Je n'ai donc pas, dans ma tête, d'images de Dieu sous une forme humaine ou comme un personnage vénérable. Je crois en un Dieu unique, en un mystère qui s'appelle Dieu. Nous pouvons l'apprécier, mais nous ne serons jamais capables de le mesurer.

J'ai reçu une formation scientifique. Dans ma profession de médecin, je cherche des vérités confirmées et je tente de toujours mieux comprendre la vie. Les phénomènes naturels, qu'ils soient biologiques, biochimiques ou autres, font l'objet de toutes sortes de recherches scientifiques. On pourrait penser qu'un jour tout pourra être expliqué. Je suis convaincu, pour ma part, que, même si nous repoussons à chaque jour les frontières du savoir, nous n'arriverons jamais à expliquer tous les phénomènes, notamment ceux qui relèvent du spirituel. Ils sont bien réels pourtant; ils font partie de l'expérience humaine. Il y a derrière ces phénomènes une force qui, pour moi, s'appelle Dieu.

Ma formation scientifique me ramène constamment à Dieu. La reproduction de l'espèce par la multiplication des cellules, l'architecture étonnante des yeux et des oreilles, la découverte récente de la structure précise des acides nucléiques porteurs de gènes, quels phénomènes extraordinaires! Ils n'expliquent pourtant pas comment nous nous développons à travers deux cellules qui s'unissent pour en former une seule. Quelque chose dépasse ici non seulement notre compréhension, mais aussi notre capacité de reproduire de tels phénomènes. Ce «quelque chose», pour moi, s'appelle Dieu.

Être juif, c'est non seulement croire en Dieu et appartenir à un lieu de culte, la synagogue, c'est aussi avoir un engagement communautaire. L'entraide et la mise en commun des ressources sont l'expression de la religion juive. Pour moi, cela fait partie, à un degré important, de mon engagement religieux. Évidemment, certains organismes et certaines activités communautaires ne sont pas à proprement parler religieux. Pourtant, le simple fait d'être juif, de s'identifier au peuple juif et à la communauté juive implique l'idée d'une appartenance religieuse.

Quand je considère la nature de ma foi, je pense qu'elle est avant tout une question «de tête». Tout y est réfléchi. Cette réflexion a animé et anime encore mon engagement dans des activités communautaires. Ainsi, pendant mes années à la présidence du Comité de coordination des institutions de la santé et des services sociaux de la communauté juive, je me suis occupé non seulement de la coordination des établissements, mais aussi de la représentation des préoccupations de la communauté devant les autorités gouvernementales. Celles-ci assument plusieurs responsabilités sociales, mais plusieurs éléments échappent quelque peu à ces divers régimes. Ces éléments concernent la plupart du temps les moins nantis, les malades et les personnes aux prises avec divers problèmes.

Ma responsabilité ne s'arrête pas aux personnes de ma communauté. La description de la création du monde et des êtres humains par Dieu a toujours été, pour moi, une source d'inspiration. En tant qu'être humain et citoyen — et en tant que ministre de l'Environnement, poste que j'ai occupé pendant six ans — je me suis toujours senti responsable de la nature dans laquelle nous vivons et de laquelle nous dépendons. Ce sentiment de responsabilité est aussi une expression profonde de ma foi.

>->->->->-

Il y a dans la religion juive tout un éventail de pratiques et de pratiquants. À une extrémité de l'éventail se situent les très orthodoxes qui suivent de façon rigoureuse les prières quotidiennes. À l'autre extrémité, il y a ceux qui sont moins exigeants envers eux-mêmes. Dans un cas comme dans l'autre, les principes suivis se trouvent tous dans la Bible. Les Saintes Écritures, que l'on appelle *Tanach*, comprennent la *Torah*, les *Neviim* ou livres des Prophètes, ainsi que les *Ketouvim* qui contiennent d'autres écrits saints comme les livres des *Proverbes* et des *Psaumes*.

En ce qui me concerne, la lecture de la *Torah* m'est essentielle. La lecture que nous en faisons chaque semaine à la synagogue m'a mené au dialogue interconfessionnel. D'autres textes de philosophes et de rabbins m'ont aussi inspiré. L'Amitié internationale judéo-chrétienne, dont j'ai été président durant huit ans et dont je suis toujours membre, a son siège social en Allemagne dans une maison ayant appartenu au philosophe Martin Buber. Celui-ci a beaucoup écrit sur le «moi et toi». Il a établi un cadre philosophique pour le dialogue interconfessionnel. Il a été pour moi une source d'inspiration.

Mes lectures ne sont pas uniquement d'inspiration juive. Je lis également des textes d'auteurs de diverses appartenances religieuses. Je m'intéresse particulièrement à ceux qui traitent des relations entre Juifs et Chrétiens, ainsi que de l'histoire et des leçons que nous devons en tirer.

➤➤➤➤➤

À ma mort, je voudrais que Dieu me dise: «Vous avez bien fait. Le monde est un petit peu meilleur parce que vous y êtes passé.» Cette pensée fait partie de ma vie quotidienne. J'ai un profond désir de vouloir améliorer les choses. C'est ce que j'ai toujours recherché dans toutes les fonctions que j'ai occupées.

Chan Huy

Né en France de parents vietnamiens, Chan Huy élit domicile au Canada en 1968, à l'âge de 18 ans. Après des études en génie électrique à l'Université Laval, il exerce sa profession dans quelques bureaux d'ingénieurs-conseils à Montréal, tout en poursuivant ses études à l'UQAM. Il obtient, en 1984, une maîtrise en gestion de projets et, en 1992, une maîtrise en administration des affaires (MBA). Il est aujourd'hui marié et père de deux jeunes filles. Depuis 1982, il travaille comme gestionnaire de projets pour le ministère des Travaux publics du Canada.

Comme ses parents et grands-parents avant lui, Chan Huy est d'obédience bouddhiste. Ayant voulu approfondir sa pratique, il étudie depuis 1986 avec le maître zen de renommée mondiale Thich Nhat Hanh qui, en 1994, l'investissait du titre et du rôle de *dharmacarya* (transmetteur de l'enseignement du Bouddha). Au Canada, Chan Huy est membre du conseil d'administration de la Société bouddhique Les Érables et membre du Conseil interreligieux de Montréal. Il enseigne la méditation bouddhique, donne des conférences et dirige des re-traites et d'autres activités de pleine conscience au Canada et aux États-Unis.

Peu de temps avant son *parinirvana* – sa mort, dans le sens habituel de ce mot – le Bouddha, pour préparer son départ, enseigna à ses disciples: «Tout ce qui naît, tout ce qui existe et qui dépend des autres phénomènes, ou, en d'autres termes, tout phénomène composé est soumis à la loi de l'impermanence et doit éventuellement cesser d'exister. Rien ne peut subsister indéfiniment sans se détruire. Je vous ai souvent rappelé que, tôt ou tard, nous devrons laisser aller et nous séparer de tout ce que nous aimons et chérissons aujourd'hui. Moi-même, je quitterai ce monde dans peu de temps. Vous devrez apprendre à devenir une île pour vous-mêmes, à prendre refuge en vous-mêmes et non en quiconque d'autre. Apprenez à prendre refuge dans le Dharma. Apprenez à retourner prendre refuge dans votre propre île intérieure. Apprenez à prendre refuge en vous-mêmes, à retourner en vous-mêmes pour prendre refuge dans le Dharma et ne prendre refuge en aucune autre île ou aucune autre personne.»

Quand je pratique le Dharma, l'enseignement du Bouddha, c'est comme si celui-ci était là pour me protéger. Ma foi, c'est celle que j'ai en moi, dans ma capacité de rentrer en moi-même pour y retrouver des ressources toujours disponibles, pour y retrouver le Dharma et, avec le Dharma, y retrouver le Bouddha et retrouver cette capacité innée de Compréhension et d'Amour en moi.

Selon le Bouddha, tous les êtres ont ces ressources en eux-mêmes. Tous, ils ont cette capacité de *s'éveiller*, c'est-à-dire de comprendre et de voir les choses telles qu'elles sont. Quand nous voyons et comprenons les choses telles qu'elles sont, nous sommes libérés des concepts — toujours trop étroits — et de toutes les croyances au sujet de la vie et de la mort, par exemple, ou du haut et du bas, de l'avant et de l'après, du noir et du blanc, etc. L'éveil nous libère complètement de toutes nos peurs. L'éveil fait de nous des êtres libres.

Je crois au divin qu'il y a en chacun de nous. Je suis convaincu que Jésus, notamment, avait cette capacité divine. Il l'a développée pendant toute sa vie, au point d'atteindre une grande compassion et une grande intelligence, au point de sauver le monde. Jésus a dit: «Vous êtes créés à l'image de Dieu.» L'image de Dieu, c'est cette essence divine, cette source divine que chacun de nous a en lui-même. C'est parce que nous en sommes éloignés que l'agressivité, la colère, la peur et la jalousie nous étouffent. Pourtant, aussitôt que nous revenons à cette source, nous devenons des êtres libres.

➤-➤-➤-➤-➤

Un adage affirme que «tous les chemins mènent à Rome». Nous pouvons aussi dire que tous les fleuves coulent vers l'océan. Quel que soit le fleuve que nous empruntons, le Saint-Laurent ou le Mississippi par exemple, nous arrivons à l'océan. Il en va de même pour les multiples pratiques spirituelles ou religieuses. Elles conduisent toutes à un même océan.

Le bouddhisme est une voie qui mène à cet océan. Le christianisme en est une autre, et l'hindouisme aussi. Quand le pape — que je respecte pourtant beaucoup — affirme que le christianisme est la seule voie de salut, je ne suis pas d'accord. Le christianisme est une voie qui a sauvé, et qui sauve encore, beaucoup de monde, mais ce n'est pas une raison pour nier la valeur des autres religions. La voie chrétienne ne peut répondre aux besoins de tous les peuples ou de tous les individus.

Ma pratique est celle de la méditation. Elle me calme, m'arrête de penser à toutes sortes de choses et m'évite d'être distrait. Ainsi, par exemple, lorsque je parle à quelqu'un, je suis seulement avec cette personne, entièrement avec elle. Je ne pense à rien d'autre. Il n'y a qu'elle qui soit importante pour moi à ce moment. Ensuite, je ferai autre chose; je serai concentré sur ce que j'ai d'autre à faire quand ce sera le temps de le faire.

Pratiquer la méditation, c'est être présent, entièrement présent à l'instant et à ce que l'on y fait. La méditation nous aide à vivre intensément chaque instant de notre vie. Beaucoup de choses se révèlent alors à nous, car nous sommes en pleine possession de nos capacités d'observation et de vision. La pratique de la méditation permet, graduellement, de percevoir la vraie nature des choses, cette dimension où il n'y a pas de frontière entre celui qui parle et celui qui écoute, entre ce qui entoure et ce qui est à l'intérieur.

Nous vivons dans un monde de perceptions et de manifestations, qui sont comme des vagues de l'océan : hautes ou basses, couvertes d'écume ou non. Certaines transportent des poissons, d'autres des algues. Elles naissent, grandissent et meurent. Des vagues se jettent sur la grève, d'autres se dissolvent avant même d'y arriver. Si elle pensait «Je suis une vague», chacune se percevrait comme séparée et différente des autres. Elle se dirait: «Je veux être belle comme celle-ci. Je veux être grande comme celle-là» et elle serait malheureuse parce que prise dans ses idées, ses désirs, ses angoisses, ses jalousies ou ses colères. Mais si elle pouvait réaliser qu'elle est «eau de mer», chacune verrait qu'elle est constituée de la même matière que toutes les autres vagues, qu'elle contient toutes les autres vagues et que lorsque la présente manifestation cessera, elle se retrouvera dans les vagues qui lui succéderont. Les vagues comprendraient qu'elles et l'océan, *c'est la même chose,* elles seront libérées et transcenderont toutes souffrances. Par la pratique de la méditation, nous arrivons à voir que les manifestations du monde et les perceptions que nous en avons — les vagues — ne sont qu'un autre «état» de nous-mêmes. Nous n'avons plus besoin d'aller nulle part, nous n'avons plus besoin d'atteindre quoi que ce soit. Nous sommes déjà tout ce que nous voulons être et tout ce que nous avons besoin d'être.

Mais la pratique de la méditation demande un entraînement continu et diligent. C'est une façon de vivre qui ne s'arrête jamais. Nous devons pratiquer à chaque instant, retourner sans cesse à l'intérieur de nous-mêmes pour y retrouver notre vraie nature. Nous devons constamment être attentifs et pratiquer la méditation du corps dans le corps et la méditation des éléments externes dans les éléments externes.

La publicité, la télévision, les magazines nous envoient des messages: «Voici la nouvelle voiture, la nouvelle montre que vous devez posséder. Si vous êtes une jeune professionnelle, voici ce que vous devez porter.» Ces messages créent le désir, l'envie: le désir d'acquérir cette chose mirobolante qui nous permettra de devenir ce que nous pensons que nous devrions être. Quelle incroyable machine à insatisfaction qui nous fait courir sans arrêt! Nous croyons toujours être sur le point d'atteindre l'état désiré... et nous n'y arrivons pas tout à fait. Car il y a justement un autre objet, une autre expérience, une autre possession, là, à notre portée! Et il semble que plus nous courons, moins nous sommes satisfaits. Notre environnement nous tire à l'extérieur de nous-mêmes et nous fait oublier que notre vraie place est à l'intérieur de nous-mêmes.

Il y a 2600 ans, le Bouddha a dit: «Vous n'avez rien à chercher parce que vous avez déjà tout.» Il suffit seulement de s'arrêter pour en être convaincu. Nous avons tout ce qu'il nous faut pour être heureux et, pourtant, nous agissons souvent comme si nous étions les êtres les plus pauvres du monde.

Je suis allé dans une animalerie avec mes enfants et j'y ai vu des os en nerf auxquels on ajoute une odeur de bœuf. Celle-ci attire le chien à qui on lance l'os. Le chien est content, mais il ne pourra jamais assouvir sa faim en rongeant cet os. C'est ce que le Bouddha a sans doute voulu dire quand il a comparé les êtres humains à des chiens qui courent après des os desséchés qui ne les satisferont jamais.

Les chrétiens comprennent bien les mots «Dieu» et «divin». Ils croient à l'existence d'un Dieu créateur, à l'origine de tout ce qui est. Ce Dieu aurait créé les êtres à son image, une image de bonté, de générosité, de compassion et d'amour. Quand j'utilise le mot «divin», je parle de l'amour que les êtres ont, eux aussi, à l'intérieur d'eux-mêmes. Je parle de leur capacité d'éveil, divine elle aussi. Jésus et les saints étaient des êtres lumineux, qui avaient développé plus de compassion et d'amour que la majorité de leurs contemporains. Pensons, plus près de nous, à mère Teresa. Elle a été une manifestation du divin, de l'amour infini, sans discrimination ni frontières. Les conditions ne sont pas toujours favorables au développement du divin en nous. Notre travail consiste donc à développer et à manifester d'une manière aussi forte que possible nos capacités divines.

Nous, bouddhistes, ne croyons pas à un Être suprême, parce qu'il nous faudrait croire à un début et à une fin, à une origine de l'Univers. Nous croyons plutôt que chaque jour est un nouveau début. Il ne peut donc y avoir de fin. Nous voyons l'existence non pas comme une ligne droite, mais comme un cercle. N'importe quel point sur le cercle est un point de départ qui peut aussi être un point d'arrivée. Nous cheminons constamment. Nous sommes toujours arrivés, parce que nous n'avons nulle part où aller; nous sommes là, simplement.

Voici un exemple qui illustrera mon propos. Tentons de trouver l'origine de cette tasse qui est là, devant moi. Il y a eu, bien sûr, de la terre, mais s'il n'y avait eu qu'elle, la tasse n'aurait jamais existé. Pour que la terre devienne tasse, il a aussi fallu de l'eau, de la chaleur pour la cuire, de la peinture pour la décorer, et le travail de la personne qui l'a fabriquée. Il faut aussi que je sois là, sinon cette tasse n'existerait pas. Pensons maintenant au chemin que cette tasse a parcouru pour se rendre jusqu'à moi.

Lorsque je regarde cette tasse et que je médite à son sujet, je peux m'abandonner, me rapprocher de sa vraie nature, pour voir que l'Univers tout entier a contribué à son existence. Il y a eu la présence de la terre, de la pluie, de l'eau, du soleil, de l'air. Tous ces éléments constitutifs de notre Univers ont contribué à la création de cette simple tasse. Nous pouvons donc y voir l'Univers tout entier. Cette tasse est une manifestation de Dieu parce qu'elle représente l'Univers. Sans elle, je ne serais pas ce que je suis. Il en va de même pour un cheveux de notre tête, pour un morceau d'ongle que nous coupons et que nous jetons, pour la vague dont j'ai déjà parlé. Ils ont tous la même nature, la nature de l'Univers.

Dans le bouddhisme, le mot «inter-être» décrit cette façon de penser. Je dépends, par exemple, du laitier, du producteur laitier, de la vache enfin, pour avoir du lait tous les jours. La vache, elle, dépend du temps qu'il fait et de l'herbe qu'elle mange. En mangeant, elle me nourrit, moi. Voilà ce que signifie l'inter-être, l'interrelation des êtres. Rien ni personne ne peut prétendre exister tout seul. Même Dieu ne peut exister s'il n'y a pas tout l'Univers pour confirmer sa présence. S'il a créé le monde, il faut que le monde existe pour que Dieu existe.

Dieu est une notion, un concept. C'est «quelqu'un» en qui l'on croit comme on nous a appris à y croire. Si les parents et les ancêtres n'avaient pas été là pour enseigner cette notion de Dieu, on pourrait le concevoir autrement et lui donner un autre nom. Les Amérindiens, par exemple, ont une autre façon de concevoir et de nommer Dieu parce qu'ils n'ont pas appris de la même façon que les chrétiens.

Cette réalité est là; on l'appelle «Dieu» parce qu'on veut la personnifier. On pourrait aussi la voir simplement comme une réalité qui dépasse nos images humaines. Il n'est pas nécessaire de la personnaliser, de lui donner un nom ou de lui accoler une image. Elle est, de toute façon, partout. Nous, bouddhistes, croyons que tout existe parce que tout le reste est aussi là. Le bouddhisme existe parce qu'il est partout, même dans tout ce qui est non bouddhiste. Voilà la base de la pensée bouddhiste: il n'y a ni plan d'origine ni plan d'arrivée; les deux se confondent.

➤➤➤➤➤

La spiritualité se vit sur tous les plans. J'enseigne à mes élèves trois étapes dans l'apprentissage du bouddhisme. Ils en prennent tout d'abord connaissance par la lecture ou l'écoute de l'enseignement. Puis, ils y réfléchissent. Enfin, quand ils ont bien compris les enseignements et qu'ils les ont bien assimilés, ils les mettent en pratique.

Quand on me demande ce qu'est le bouddhisme, j'expose tout d'abord les enseignements du Bouddha. Si ceux-ci correspondent aux valeurs des gens qui m'ont posé la question, tant mieux. Si ce n'est pas le cas, ce n'est pas grave. D'autres enseignements les rejoindront peut-être mieux. Je donne souvent l'exemple d'une personne qui entre dans une pharmacie: elle voit une foule de médicaments qui ont tous leur utilité, mais elle ne prend cependant pas n'importe lequel (sinon elle aura des problèmes). Voilà à quoi sert l'exercice de la réflexion.

Prenons un autre exemple: une personne consulte le menu d'un restaurant. Elle ne se contente pas de lire; elle se dit qu'elle aimerait bien manger tel ou tel mets, fait son choix et donne sa commande. Sinon, elle ne serait entrée dans ce restaurant que pour prendre connaissance du menu et aurait agi comme une autre personne qui consulterait un livre de recettes, en regarderait les photos mais n'irait pas au marché et ne ferait pas le travail nécessaire à la réalisation d'un mets.

Il en va de même pour la spiritualité. Il faut *aussi* faire le travail d'épuration de notre être, de notre esprit. Comme nous vivons en société, nous en prenons les plis, les habitudes, les préjugés, les qualités et les défauts. Voilà de quoi il nous faut épurer notre être. Voilà en quoi consiste notre pratique. Chaque instant est un nouveau départ. À chaque instant, nous avons l'occasion de nous renouveler, de devenir une nouvelle personne, de commencer une nouvelle vie. Selon la façon dont nous choisissons de la vivre, là, maintenant, la vie fera de nous des êtres meilleurs ou pires qu'auparavant. Voilà comment je mène ma vie. Voilà comment je mène ma spiritualité.

Aujourd'hui, à cet instant, je sais ce que je suis, ce que je vaux et ce que je veux. Aujourd'hui et maintenant seulement, je peux agir, penser et dire des choses afin que demain soit meilleur. Dans le passé, j'ai fait, j'ai pensé et j'ai dit des choses qui ont façonné ma vie actuelle. Je suis heureux de la vie que j'ai aujourd'hui. Pour qu'elle se poursuive de la sorte dans l'avenir, je dois faire des choses aujourd'hui. Ce jour est un nouveau départ. À moi de faire en sorte qu'il soit propice à la transformation de mes défauts. Mes actions, mes pensées et mes paroles d'aujourd'hui peuvent transformer mon futur.

La spiritualité est pour moi un continuel nouveau départ. Être là, conscient de ce que je suis, conscient d'être le résultat de mes actions, de mes pensées et de mes paroles passées, conscient du pouvoir que j'ai de changer le futur par mes actions d'aujourd'hui. Je ne peux pas échapper à cela. C'est une loi universelle. Semez et vous récolterez. Semez du blé et, dans trois mois, vous récolterez du blé. Semez des fleurs et vous aurez des fleurs.

Je ne crois pas qu'un être suprême puisse me sauver. Moi seul, je peux le faire. Une personne qui demande à Dieu de la sauver transpose la responsabilité à l'extérieur d'elle-même et exprime ainsi un manque de reconnaissance envers la vie. En effet, celle-ci lui a donné l'intelligence, la force et la capacité d'agir; ce n'était certainement pas pour faire n'importe quoi et, au dernier moment, s'agenouiller, regarder le ciel et demander: «Seigneur, délivre-moi du mal.»

Nous créons nous-mêmes notre propre mal. Nous devons donc nous en libérer par nous-mêmes. Voilà la responsabilité que le bouddhiste doit assumer. L'être humain est responsable de sa condition parce que c'est lui qui l'a créée. Le Bouddha ne peut rien faire pour lui. Il ne peut que lui dire: «Tu as créé ta propre souffrance. J'ai beaucoup de compassion et d'amour pour toi. Je souffre pour toi, mais je ne peux pas te sauver. Toi seul, tu peux le faire. Comme tu as créé ton propre malheur, tu as la capacité de créer ton propre bonheur. Voici comment: Sème le bien; fais de bonnes actions; aie des pensées justes; dis de belles paroles. C'est ainsi que tu connaîtras le bonheur.» Cela ressemble beaucoup au texte des évangiles, à la différence que, pour nous bouddhistes, les êtres sont responsables de ce qu'il leur arrive. Un être suprême ne leur impose rien.

Un poème revient souvent dans ma pratique:
«J'inspire, je me calme.
J'expire, je souris.
Instant présent.
Instant unique et merveilleux.»

Ce poème est l'œuvre de Thich Nhat Hanh, un maître zen vietnamien. C'est, avec le Dalaï-Lama, un des grands maîtres actuels du bouddhisme. Son poème est un abrégé de l'enseignement de base pratiqué par tous les moines bouddhistes dans le monde. Il résume un *soutra* (enseignement bouddhiste) intitulé *Anapanasati soutra*, le «soutra de l'attention à la respiration». Thich Nhat Hanh démontre une grande capacité d'adapter à la vie de tous les jours des enseignements monastiques qui remontent au Bouddha. Nous pouvons pratiquer ces enseignements — qui n'ont aucune connotation religieuse — en conduisant la voiture, en attendant l'autobus, en faisant la file au comptoir de la banque, en marchant dans la rue, etc.

Ces enseignements sont la base même de ma pratique de méditation. Lorsque je parviens à être attentif à ma respiration, je suis présent, corps et esprit ensemble. Lorsque mon corps et mon esprit sont ensemble, je suis entièrement moi-même. Parfois mon corps est là, mais mon esprit est ailleurs; je suis alors comme une personne morte. Je ne suis pas avec la personne avec qui je suis, c'est mon cadavre qui est avec elle. Je veux offrir aux gens que je côtoie non seulement un cadavre, mais une personne complète.

Lorsque je pratique la méditation, je reviens à moi-même: «J'inspire, je me calme. J'expire, je souris.» Mon corps et mon esprit deviennent une seule entité et je deviens à cent pour cent la personne que je suis. En inspirant et en expirant, je me calme. Quand je suis éparpillé dans mes pensées, distrait, emporté par mes sensations, je me stresse et me fatigue. Mon cœur bat plus vite; il s'use inutilement. Comme il travaille jour et nuit, je dois l'aimer et en prendre soin. Mon inspiration et mon expiration m'aident à revenir à moi-même. Je traite ainsi mon corps et mon esprit de façon aimante. Alors, je souris parce que je suis heureux, parce que j'ai fait un acte d'amour et de compassion envers moi-même, envers mon corps, mon cœur et mon esprit. L'amour que j'exprime ainsi est pur, et les êtres qui m'entourent en bénéficient, particulièrement ceux qui dépendent de moi. Ma famille dépend de mon bien-être; lorsque je suis calme, mon épouse et mes deux jeunes filles ont plus de chance d'être heureuses que lorsque je suis stressé. Et les personnes qu'elles rencontreront à leur tour profiteront également de cela.

«J'inspire, je me calme. J'expire, je souris. Instant présent. Instant unique et merveilleux.» Instant présent, le seul que j'ai à vivre. Le passé est déjà passé, et je n'y peux rien. Le présent m'est donné. Il est la fin du passé et le début du futur. Il me permet de réparer les fautes du passé et de préparer le futur. Si je le vis comme il faut, j'ai la capacité de transformer ma vie, celle des gens qui m'entourent et le futur. Le présent est unique. Dans une seconde, il ne sera plus là. Dans une seconde, ce sera déjà un autre moment. Chaque moment, chaque inspiration est une occasion unique. Si je la manque, elle partira... Ce ne sera pas trop grave. Un autre moment suit. Nous pouvons encore nous rattraper.

Comme chaque jour est, pour moi, une fin et un nouveau départ, il n'y a donc aucune différence entre le jour de ma naissance et celui de ma mort. Aucune différence non plus entre aujourd'hui et le jour où je mourrai. Je nais et je meurs à chaque instant. Je vis, je meurs et je renais continuellement.

À ma mort, je voudrais peut-être que Dieu me dise d'être heureux. *«Don't worry, be happy.»* Ou peut-être qu'il me dise le poème que j'ai déjà cité.

→→→→→

L'impermanence est un thème cher au bouddhisme. Il signifie que rien ne demeure tel qu'il est, tout est toujours en constante évolution. L'évolution dont il est ici question ne veut pas nécessairement dire amélioration (ce n'est pas parce qu'on bouge qu'on avance!).

Je peux dire que je change continuellement. J'espère que j'évolue sur la voie de l'amélioration qui me mènera de plus en plus haut. Mais je pourrais aussi tomber dans un piège qui me ferait descendre de plus en plus bas. Il faut être vigilant car, parfois, ce que nous prenons pour une amélioration pourrait nous conduire à une régression. Dans le monde où nous vivons, avec les valeurs que ce monde privilégie, nous pouvons facilement régresser.

Laurent Isabelle

Laurent Isabelle est né à Lisieux, en Saskatchewan. Il complète des études en éducation au Collège Mathieu de Gravelbourg. Il enseigne au même collège pendant deux ans. Il poursuit ensuite des études en éducation puis en psychologie à l'Université d'Ottawa, où il obtient un doctorat en psychologie en 1961.

De 1955 à 1973, Laurent Isabelle est professeur adjoint, agrégé puis titulaire à l'Université d'Ottawa. En 1973, il devient président du Collège Algonquin, à Ottawa, poste qu'il occupe jusqu'en 1982. De 1982 à 1986, il œuvre au Service correctionnel du Canada, à titre de directeur d'éducation.

À partir de 1986, Laurent Isabelle travaille comme psychologue, en pratique privée. Il prend sa retraite en 1997.

Il est marié et père de quatre enfants.

En 1977, l'Association des psychologues de l'Ontatio lui a exprimé sa reconnaissance pour sa contribution exemplaire à la psychologie en Ontario. Il est devenu Chevalier de l'Ordre de la Pléiade en 1997.

J e crois en Dieu et je ne me souviens pas d'en avoir douté. J'ai toujours cru en «Dieu, Père tout-puissant, créateur du ciel et de la terre». Cependant, ma conception, ma notion, ou encore mon image de Dieu ont beaucoup évolué.

Quand je récite le *Notre Père* ou le *Je crois en Dieu* (dont je ne peux réciter que la phrase citée plus haut) je me rappelle certaines images qui surgissaient en moi, enfant: j'imaginais un vieillard à la longue barbe blanche, assis sur des nuages, entouré d'anges. Ces images m'étaient sans doute suggérées par les reproductions des peintures d'artistes anciens largement répandues dans nos salles de classe d'autrefois... Ces mêmes prières m'ont fait aussi me demander: «Pourquoi Père et non pas Mère?» Probablement parce que nous sommes les héritiers d'une longue tradition d'*essence* masculine. L'évolution de ma foi me fait dire aujourd'hui: «Notre Père», mais seulement occasionnellement «Notre Mère, qui es aux cieux» parce que les répétitions au cours des années mène plus souvent à dire «Père»...

Je n'ose pas employer le mot «définition» quand je parle de Dieu, Esprit immortel et infini qu'Il/Elle est, parce que je ne veux pas limiter Dieu en essayant de Le/La comprendre. Mes amis juifs trouvent que même les mots «conception», «notion» ou «image» sont osés. En effet, si je les comprends bien, ils n'osent pas imaginer et encore moins définir l'Être Dieu; le faire est pour eux acte d'arrogance ou d'orgueil.

Je pense avoir *une* foi, mais probablement pas *la* foi. Cela signifie croire en Dieu et reconnaître pleinement que je suis un être créé à Son image, comme l'enseignait le catéchisme de ma jeunesse. Cela signifie de plus que Dieu nous aime et qu'une vie céleste suit la vie terrestre. La vie humaine n'a pas de sens s'il n'y a pas de continuité après la mort. Mon corps matériel mourra, mais mon âme, cette partie immatérielle, spirituelle et infinie de moi, celle qui fait que je suis «créé à l'image de Dieu», continuera en Lui/Elle «qui est aux cieux» pour l'éternité. La libération de mon âme sera ma *résurrection*. En ce sens, mon éternité fait donc partie de mon présent. Toute âme humaine, dès sa conception, est destinée à l'union à Dieu. Je ne crois donc plus au purgatoire et encore moins à l'enfer. Je ne crois pas non plus à une résurrection du corps, parce que seule l'âme est cette «image de Dieu», cette partie divine qui me fait continuer en Lui/Elle après la mort.

Je crois en Dieu Esprit — qu'on l'appelle Yahvé, Allah, Manitou, Vishnu — Esprit d'énergie créatrice infiniment intelligente et aimante qui a créé l'univers. J'ai dit aimante parce qu'il me semble logique que Dieu aime ce qu'Il/Elle a créé. Je crois qu'Il/Elle a créé le corps de l'homme et de la femme par la voie de l'évolution des espèces. Je n'arrive cependant pas à accepter que le développement de l'âme immatérielle et *infinie* ait été progressif comme celui du corps matériel. Je penche plutôt vers l'idée qu'Il/Elle est intervenu dans l'*infusion* de l'âme dans la bête qui, soudainement, est devenue humaine, à Son image. C'est par cette «infusion» de l'âme dans la bête dont ils étaient physiquement issus qu'Adam et Ève sont devenus les premiers humains, êtres humains créés par Dieu, à Son image.

Je crois en Jésus, fils de Dieu, comme il l'a dit de lui-même, Fils de Dieu comme Abraham, Moïse ou Mahomet. Fils de Dieu comme nous sommes tous, Fils et Filles de Dieu, créés à Son image, partageant avec Lui/Elle la nature divine. N'est-ce pas là pourquoi nous enseignons depuis des générations que la vie humaine est sacrée? Jésus ne s'est jamais proclamé Dieu, mais il a parlé de Lui, son Père, il L'a prié, il L'a même supplié de l'épargner, dans le jardin, avant son crucifiement. Il me semble qu'affirmer que Jésus est Dieu mène à la conclusion qu'il est aussi Dieu le Père et, en plus, que nous sommes nous-mêmes Dieu... ce qui m'apparaît pour le moins irréaliste, car *partager* la nature divine avec Dieu qui nous a tous créés à Son image ne signifie pas que nous sommes Dieu.

Je pense, je crois que Jésus a été un très grand et saint homme et prophète. A-t-il ou n'a-t-il pas eu de père naturel? Il me semble acceptable de croire qu'il est né dans une famille ordinaire, qu'il a été formé à la maison et à la synagogue et qu'il a appris et adopté le métier de Joseph, son père. Nous savons qu'il est par la suite passé au rôle d'enseignant et de critique parfois sévère des pratiques religieuses exagérées et fautives, inadéquates tout au moins, de ses compatriotes. Je pense, je crois que Jésus est ressuscité parce que son âme, sa partie divine et infinie, n'est pas morte sur la croix. Dois-je croire à son ascension physique et à l'assomption *physique* de Marie, sa mère? De tels actes de foi me bouleversent, parce qu'ils exigent que je rejette les fruits de l'Intelligence, de son raisonnement et de sa logique.

J'ai cependant tout à gagner à être disciple de Jésus. J'éprouve peu de difficulté à accepter son enseignement, mais j'en ai plus à lui être fidèle. Je veux m'efforcer de plus en plus de suivre son message, même si je le trouve fort exigeant. Cela se traduit dans mes efforts à être bon mari, bon père, bon grand-père, bon frère, ami, voisin, collègue, professionnel, paroissien, citoyen, etc. Je pourrais même ajouter bon joueur de bridge, golfeur, skieur, jardinier, etc. Comme je cherche à être un bon disciple de Jésus, un très bon juif que l'on appelle aussi le Christ, j'ose donc me compter parmi les chrétiens.

➤➤➤➤➤

Je pratique une religion, mais je dois probablement me décrire comme un «catholique romain errant» ou comme un «catholique marginal» puisque je ne suis plus pratiquant *à la lettre*.

La pratique religieuse est importante, mais pas parce que Dieu a besoin de nous. Dieu est l'Être suprême, Il/Elle ne s'ennuie pas et ne nous attend pas! Ce sont les humains qui ont besoin de Dieu et, par conséquent, la pratique religieuse est pour moi essentielle. Elle peut être solitaire et/ou communautaire, mais elle implique surtout, à mes yeux, les actes d'une collectivité qui servent de renforcement entre ses membres. Ma foi implique que je fais partie d'une communauté de croyantes et de croyants *divers*. Je pense et je sens que j'ai besoin de cette solidarité au sein de cette diversité. De plus, appartenir à cette communauté me rend plus apte à faire partie de la communauté plus grande qui comprend les juifs, les musulmans, les bouddhistes, les hindouistes, etc.

Ma pratique religieuse comprend la prière personnelle, les célébrations dominicales et celles des fêtes, le mariage «à l'église», le baptême des enfants, l'enseignement religieux des enfants et la confirmation pour celui et celle qui la demande; le dévouement et l'engagement envers ma famille, mon travail, mon bénévolat et mes loisirs; le soutien financier à ma paroisse et à des organismes de charité ou de services aux membres de notre société. Quand je mourrai, je souhaite que ma famille suive l'exemple de ma mère et de mon père qui ont demandé que leur corps soit «exposé», cercueil fermé, un soir à l'église et qu'une messe de funérailles soit célébrée le lendemain. Ma mère avait quant à elle demandé qu'un banquet paroissial soit ensuite servi. Elle en avait organisé et préparé plusieurs pour sa paroisse durant sa vie adulte. Nous avons respecté sa volonté et un grand repas à la dinde a souligné la célébration de son passage à l'infini. Mon père, quant à lui, n'en demandait pas autant, mais il y a eu réception à la salle paroissiale afin de célébrer sa «résurrection». En ce qui me concerne, j'ai confiance que mon épouse et/ou nos enfants verront à ce que mes souhaits soient «entendus» et que mes cendres soient répandues au Lac... que nous avons tant apprécié.

Quant à la prière «personnelle», il me semble que je fais des efforts, mais j'aimerais qu'elle soit plus régulière. Je n'y arrive pas souvent... Je demande donc à Dieu de m'aider à être à la hauteur de la «bonne personne» que je voudrais être et de me pardonner mes faiblesses.

→→→→→

La spiritualité est ce qui découle d'abord de l'esprit, de l'âme et de l'intelligence, selon mon interprétation des définitions de chacun de ces mots. Mes pensées, mes réflexions, mes convictions, mes rêves, mes aspirations et mes prières, qui relèvent tous de mon esprit, forment dans leur ensemble ma spiritualité.

Celle-ci m'inspire plus que toute autre chose et elle guide mes agirs. Elle aiguise ma conscience ou, tout au moins, la tient en état d'alerte. Mais cela se passe dans ma tête et «dans mon cœur». Je dois ajouter que mes émotions sont aussi impliquées dans ma spiritualité. Celle-ci découle donc de mon esprit et de mon corps; elle est teintée par mon corps qui, de mon vivant, l'incorpore.

➤➤➤➤➤

Mon comportement est guidé par des règles morales qui se résument dans: «Aime ton prochain comme toi-même et ton Dieu par-dessus tout.» Les dix commandements légués par Dieu à Moïse font partie de mon «armement».

Une morale «alternative» me vient de mon père qui disait: «Moi, je dors sur mes deux oreilles. Je fais mon devoir, au mieux que je peux, de sorte que je peux dormir en paix. Je ne crains pas l'arrivée subite d'un policier, d'un représentant du gouvernement [je pense qu'il entendait par là un fonctionnaire du ministère du Revenu!] ou de quelqu'un qui voudrait se venger.»

Je suis porté à imiter mes parents qui, selon ma perception, visaient la perfection, en tout temps. Je n'ai jamais refusé de faire le surtemps nécessaire au bon accomplissement d'une tâche. Mon épouse ajouterait peut-être que je ne sais pas facilement dire non. Je pense qu'elle a raison, parce que je me suis parfois laissé «abuser» par les exigences d'un étudiant ou d'une étudiante, de quelques collègues, de quelques membres d'un Conseil d'administration, etc.

J'ai du mal à me rappeler tous les noms des auteurs et des titres de livres ou d'articles de magazines qui ont contribué à me donner un bagage. Je me souviens cependant dans les années 50 des écrits de Thomas Merton qui m'avaient alors fort impressionné, de ceux d'un missionnaire chez les Touaregs du Sahara nommé Charles de Foucault, de ceux du père Buliard, missionnaire oblat auprès des autochtones.

Mes lectures sérieuses actuelles tournent autour de différents sujets. Je pense entre autres à *History of God* de Karen Armstrong et *Christian Anti-semitism* de William Nichols, *Voltaire's Bastards* et *Reflections of a Siamese Twin* de John Ralston Saul, par exemple. L'astronomie me passionne parce que depuis l'enfance je suis ébloui, étonné et émerveillé par les planètes, les étoiles, les galaxies, les distances qui les séparent et récemment par le fait que le temps et l'espace finissent par se confondre dans leur infinité. Je m'intéresse à la géologie, l'anthropologie, la politique, sans oublier l'éducation et la psychologie auxquelles je me suis consacré pendant ma vie professionnelle.

À ma mort — et non pas *après* ma mort — j'espère que Dieu me dira: «Bonjour», «Salut», ou «Bienvenue». Ou, tout simplement: «Viens». Je veux par-dessus tout Le/La connaître parce que je crois et je sens que je L'aime. À partir de cette connaissance accrue, je voudrais comprendre pourquoi Dieu a créé l'Univers et ce qu'il deviendra, puisque nous savons déjà que l'Univers est en croissance continuelle. J'aimerais savoir comment Dieu a créé ce vaste et bel univers et ensuite savoir s'Il/Elle le veut infini ou à terme.

Et si Dieu veut l'Univers à terme, que se passera-t-il ensuite?

Roger D. Landry

Né à Montréal le 26 janvier 1934, Roger D. Landry amorce sa carrière en communication, en marketing et en administration à Bell Canada comme responsable du marketing auprès du gouvernement du Québec. Il participe ensuite à la conception du réseau téléphonique mobile de la Sûreté du Québec pour en devenir, peu après, responsable des services Transport et Communications.

En 1965, il est nommé directeur-adjoint aux relations publiques de l'Exposition universelle et internationale de 1967 et devient par la suite directeur de l'accueil des chefs d'État et visiteurs de marque et du Service d'hôtesses.

En 1970, il fonde à Montréal un cabinet de conseillers en relations publiques qu'il quittera pour devenir vice-président aux affaires publiques de Rayonier Québec sur la Côte Nord. Il est premier vice-président à l'administration de cette entreprise lorsqu'il la laisse en 1977 pour occuper le poste de vice-président, marketing et affaires publiques, du club de baseball *Les Expos*. En 1980, il remporte le titre de premier *Marketing Man* du baseball majeur.

Président et éditeur du quotidien *La Presse* depuis 1980, il prend sa retraite en 1999. Il est membre du Conseil d'administration de la Presse canadienne, de l'Association canadienne des journaux et de l'association Les Quotidiens du Québec Inc., ainsi que coprésident de La fondation pour le journalisme canadien. Il est Compagnon de l'Ordre du Canada, Officier de l'Ordre national du Québec et Chevalier de l'Ordre de la Légion d'Honneur (France).

Je crois à l'existence d'un Être supérieur. Je crois qu'il y a un Dieu. Mes parents m'ont élevé dans la religion catholique. Ma foi m'accompagne depuis mon enfance, d'où l'importance de sa place dans ma vie. Elle est la richesse ultime sur laquelle je m'appuie dans les moments difficiles.

Les changements que l'Église a connus durant la période suivant la Révolution tranquille n'ont pas eu sur moi les effets dramatiques que j'ai observés chez certaines personnes. Je ne m'interroge pas sur l'évolution de ma foi. Les grands bonheurs et les grands malheurs de ma vie l'ont fait évoluer. La sentir en moi me suffit.

Je ne vais pas à la messe tous les dimanches. J'assiste cependant aux offices du temps pascal et je fais mes Pâques. Le poste que j'occupe me permet de vivre une forme de pratique religieuse reliée aux appuis que j'apporte à certains organismes religieux. J'ai été, par exemple, conseiller de l'Oratoire Saint-Joseph pendant trente ans et je continue d'aider les petits chanteurs du Mont-Royal. J'ai une grande admiration pour le Frère André et son œuvre. Il a été, je crois, un de nos grands Canadiens.

Ma spiritualité est plus rationnelle qu'émotive. Dans l'exercice de mes fonctions, des questions morales se posent parfois. Je fais appel à ce côté rationnel de ma spiritualité pour les résoudre afin de poser un jugement intelligent appuyé sur de solides valeurs morales. Je pense, par exemple, à la cause défendue par les groupes Pro-Vie. Paradoxalement, plusieurs de leurs membres sont en faveur de la peine de mort. Par contre, les groupes qui préconisent la liberté d'action et celle des femmes à choisir pour elles-mêmes s'opposent à la peine de mort. C'est là une question morale d'importance. Le droit de la personne a-t-il priorité sur l'observance des règles religieuses? Je crois que la liberté individuelle est plus précieuse que les devoirs sociaux ou collectifs.

Je porte une admiration inconditionnelle au pape Jean-Paul II. J'ai même eu le bonheur de le rencontrer personnellement. Je lui ai fait part de ma difficulté à accepter certaines règles. Il m'a répondu: «Vous savez, personne n'est en possession de la richesse du savoir absolu.»

À cause de mon travail, je cultive des rapports privilégiés avec les dirigeants de diverses traditions religieuses. Lorsque j'ai des questions difficiles concernant la foi chrétienne, j'aime bien consulter le cardinal Jean-Claude Turcotte, l'archevêque de Montréal. Sans que nous soyons toujours d'accord, nos échanges n'en sont pas moins fructueux.

➤➤➤➤➤

J'accorde peu de temps à la lecture spirituelle. La prière, cependant, est importante pour moi et j'essaie d'en transmettre le sens et la valeur à mes petits-enfants. En ce qui me concerne, le *Je crois en Dieu* est «ma» prière. Le Credo résume en effet notre religion et notre espérance.

Je suis convaincu que notre société aurait intérêt à retrouver les racines religieuses qui l'ont profondément marquée. Elle a évolué dans beaucoup de domaines, mais le religieux connaît un net recul.

➤➤➤➤➤

La grande richesse de ma vie est de savoir que je ne serai jamais spirituellement et matériellement aussi pauvre que je l'ai déjà été. J'aime croire à une autre vie après la mort. J'espère que Dieu me dira, lors de ma rencontre avec lui: «Enfin là!»

Amel Mansouri

Amel Mansouri complète en 1985 un certificat en psychologie en Tunisie, puis en 1991 une licence en droit à l'Institut de droit et des sciences administratives et juridiques Ben Aknoune, en Algérie. En 1996, elle termine une maîtrise en psychopédagogie à l'Université de Montréal et entreprend, en 1999, un baccalauréat en éducation préscolaire et enseignement primaire à l'Université du Québec à Montréal.

En 1995, elle devient recherchiste pour l'Association canadienne des femmes arabes. De 1997 à 1998, elle agit à titre d'assistante de recherche au Centre d'études ethniques de l'Université de Montréal. Au même moment, elle occupe le poste de directrice pédagogique adjointe aux Écoles musulmanes de Montréal.

Depuis 1998, elle est directrice de l'École En-Nour, à Montréal.

En tant que musulmane, c'est sûr que j'ai la foi. Pour nous, musulmans, la foi est la pierre angulaire de toute notre structure religieuse. Être musulman sans avoir la foi n'aurait aucun sens. La foi n'est pas qu'une simple formalité, c'est un état de bonheur que l'on acquiert et que l'on ressent.

En effet, la foi sans action est une foi morte et ne peut être effective quand elle est mise hors d'usage, elle perd sa vivacité et son pouvoir motivateur. La foi dans l'islam constitue une source d'inspiration pour l'être humain et lui permet d'être constant dans sa dévotion et persistant dans sa pratique. Le Coran et les tradition du noble prophète Mohammed — que la paix soit avec Lui! — démontrent clairement les normes selon lesquelles une foi pleine de sens est bâtie. En fait, avoir la foi, c'est croire à l'unicité d'Allah: «Dieu est unique, il n'a pas d'associé. Il n'a pas conçu et n'a pas été conçu. Il n'a point d'égal» (Sourate 112, versets 1-5). Avoir la foi, c'est aussi croire en l'existence des anges de Dieu, croire aux livres (Coran, Torah, Bible, le Zabour) que Dieu a révélés à ses prophètes à diverses époques. C'est aussi croire à tous les prophètes, car ils sont les messagers de Dieu. Avoir la foi, c'est croire à la vie après la mort, c'est-à-dire croire à la résurrection et au jugement dernier. Le verset coranique est assez clair: «Oh vous qui avez cru! croyez en Dieu, en son messager, aux livres qu'il a révélés à son messager et aux livres qu'il a révélés auparavant. Quiconque ne croit pas en Dieu, en ses anges, en ses livres, en ses messagers et au jour dernier se trouve dans un profond égarement» (Sourate 4, verset 136).

La foi musulmane est la vie du cœur et de l'esprit. Elle est aussi l'intelligence nourrie par la lumière de la Révélation. Elle nous mène à l'adoration d'Allah, c'est-à-dire à la résignation à sa volonté, à la soumission à tous ses commandements divins révélés par le saint Coran. Pour être valide, la foi doit être fondée sur une certitude, sur la raison, sur une conviction. Je ne suis pas croyante parce que mes parents étaient musulmans, que j'ai hérité de leur foi sans trop la comprendre, sans être véritablement convaincue. Sans une certitude profonde, le risque serait grand de perdre la foi. La foi d'une personne convaincue est gravée dans son cœur, dans son corps, dans ses gestes et ses actions. L'islam veut que la foi soit permanente et contribue à l'éveil de l'âme de tout être humain et nous aide à mener une vie équilibrée qui tient compte de nos besoins spirituels et matériels. Et c'est par l'intermédiaire des exercices réguliers de la foi que le musulman réussit l'épreuve qui consiste à mener une vie équilibrée. C'est pourquoi on ne peut croire et ne pas pratiquer. La foi et la pratique sont indissociables. La personne croyante veut vivre ouvertement sa foi. Il ne s'agit pas seulement de dire «je crois». Ce serait comme dire à quelqu'un que nous l'aimons sans le respecter, sans l'aider à résoudre ses problèmes. Cet amour n'aurait aucun sens. Il en va de même pour l'amour de Dieu. Nous devons le manifester et le vivre en pratique.

Voici un exemple de ma façon de vivre ma foi dans ma pratique religieuse. Je prie cinq fois par jour. La prière est le deuxième pilier de l'islam. Prier, c'est entrer en contact avec Allah, l'adorer, implorer son secours, se soumettre à ses commandements divins. Plus que des gestes et des rituels, la prière est la pureté et la sainteté de l'âme et du corps qui fait naître en nous la bonté et la décence. Elle nous mène à un mode de vie le plus honnête et aux apprentissages des valeurs. Il faut ensuite manifester cette pureté, cette sainteté et ces valeurs dans la vie quotidienne. Adorer Allah nous conduit fortement à l'amour des êtres humains et au désir de les aider. La prière nous éloigne des impuretés, des inclinations indécentes; elle nous apprend à être honnêtes avec les gens, à ne pas tricher, à ne pas mentir, à être partie prenante, active, dans la société et à participer à tous les aspects de la vie sociale, politique et économique. La prière nous enseigne des valeurs que nous devons transmettre à la société et ne pas laisser en suspens. Nous apprenons par la prière que nous sommes tous égaux; cela est manifeste au moment de la prière où le riche peut être à côté du pauvre, le président à côté du simple citoyen. Tous y sont égaux et tous effectuent les mêmes gestes, disent les mêmes paroles, tous se soumettent à la volonté du Créateur majestueux.

Nos cinq prières spécifiques ont été révélées par Allah. Le matin, c'est la prière de l'aube, *Fejr et sobh*; le midi, la prière du *Dhohr*; l'après-midi, la prière du *Aâsr*; au coucher du soleil, la prière du *Maghreb*; la prière du soir, *Icha*. Nous débutons la prière par la formule d'entrée dans le domaine sacré de la prière, «*Allahou akbar*», c'est-à-dire «Dieu est grand». Nous poursuivons en récitant le premier chapitre du Coran, le *Fatiha*, en méditant sur le sens de ces mots et en y pensant profondément: «La louange est à Dieu, Seigneur et Maître des univers.

Le Miséricordieux par essence et par excellence souverain du jour de la rétribution, c'est toi que nous adorons et c'est toi que nous implorons à l'aide. Guide-nous sur la voie rectiligne, la voie de ceux à qui tu as accordé ta grâce et non celle de ceux qui ont encouru ta colère ni celle des égarés.»

Après la lecture de la *Fatiha*, nous récitons quelques versets du Coran. Une fois la lecture terminée, nous disons à nouveau «*Allahou akbar*». Nous nous courbons en avant jusqu'à toucher les genoux des mains et, dans cette position, nous disons à voix basse: «Gloire et pureté à mon Seigneur le Très Grand» et, en nous redressant, nous disons: «Que Dieu entende celui qui l'a loué. Sois loué, Seigneur!» Une fois redressé, nous nous prosternons à terre en prononçant: «Gloire et pureté à mon Seigneur le Plus Haut!» Nous pouvons ajouter: «Seigneur, donne à mon âme sa piété. Bénis-la, tu es le meilleur à l'avoir bénie, tu es son protecteur et son maître.»

Après la deuxième prosternation, nous relevons la tête en disant «*Allahou akbar*», clôturant ainsi une unité de prière. À la fin de la deuxième unité de prière, nous nous assoyons et prononçons la formule appelée *Tachahhoud*: «Les salutations sont pour Dieu ainsi que les bénédictions et les bonnes choses, salut à toi, ô prophète!, ainsi que la grâce de Dieu et sa bénédiction. Salut à nous et aux vertueux esclaves de Dieu. J'atteste qu'il n'est de dieu que Dieu et j'atteste que Mohammed est son esclave et son messager. Seigneur Dieu, comble de ta grâce Mohammed et la famille de Mohammed comme tu as comblé de ta grâce Abraham et la famille d'Abraham. Bénis Mohammed et la famille de Mohammed comme tu as béni Abraham et la famille d'Abraham parmi les habitants de l'Univers. Tu es infiniment digne de louange et de glorification.»

Finalement, nous clôturons la prière par le salut en tournant la tête à droite puis à gauche, en disant à chaque fois «*Assalamou aâlaykoum oua ra'hmatouallah*». Ce salut est adressé à nos deux anges gardiens ainsi qu'à nos voisins de prière.

➤➤➤➤➤

Ma religion répond aux questions qui surgissent des profondeurs de l'existence. Elle me pousse à penser, à utiliser ma raison, à élargir mes connaissances de l'être humain. L'islam nous invite à approfondir nos connaissances jusqu'à notre mort. Il invite l'homme et la femme à toujours chercher. Cela leur permet de trouver la paix intérieure et la stabilité.

Je crois donc qu'Allah est l'Unique, je crois à sa volonté et à sa puissance, et je crois qu'un jour je retournerai vers Lui. Un verset coranique dit: «En vérité nous appartenons à Dieu, et vers Lui est notre retour» (Sourate 11, verset 156). Une vie peut durer un, deux, vingt ou cent ans. Un jour, nous reviendrons sur la terre et nous serons jugés par Allah. Je crois profondément en cela et je m'y prépare. J'organise ma vie selon les commandements divins. Je sais que je serai jugée sur tout ce que j'aurai fait. Ma foi ne relève pas seulement du sentiment; elle me donne un code de vie que je dois respecter.

Dans l'islam, vie matérielle et vie spirituelle vont de pair. La foi sans les actes n'aurait aucun sens. Elle serait une chose morte. La vie sans la pratique serait synonyme d'égarement, de cercle vicieux dans lequel une personne tournerait en rond sans jamais rien trouver. Sans la foi et sans les actes, son cœur serait vide.

➤➤➤➤➤

Parler de ma foi, c'est aussi parler de ma spiritualité, car il faut bien comprendre que l'islam se caractérise par son harmonie entre le divin et l'humain. Dans l'islam, il n'y a pas de séparation entre la vie matérielle et la vie spirituelle. Les deux se complètent. Le Coran prend en considération toutes les réalités de la vie et tous les besoins de l'être humain. Celui-ci prie, vit, travaille. Son travail peut être une forme de culte. Allah a dit que lorsque l'être humain fonde une famille, il doit lui préparer une belle vie. C'est dans ce but qu'il travaille et gagne de l'argent. Travailler, dans cet esprit, c'est suivre les commandements divins, c'est vivre une vie spirituelle non seulement dans ses sentiments, mais aussi dans son cœur, dans son corps et dans ses actions. Il est bon d'être un humain sensible, mais cette sensibilité fait corps avec l'action. L'islam ne renie pas les besoins fondamentaux de l'être humain. Il lui demande cependant de les combler dans l'esprit des commandements divins.

L'islam reconnaît deux natures à l'être humain: l'une est interne, l'autre externe. Ces deux natures interagissent. La nature interne touche les profondeurs de l'être, sa relation avec Allah, sa foi en l'Unique. La spiritualité vise le développement de la vie intérieure et la sainteté du cœur de l'individu. Un cœur saint le mènera normalement à une vie extérieure sainte. La vie du cœur, la vie intérieure se rapporte à la vie spirituelle (amour de Dieu et de son messager, amour de la vérité et de l'humanité, espoir et foi en Dieu à tous les moments) et à la vie intellectuelle (faculté de raisonner, de chercher la science, au sens le plus large du terme). La nature externe n'est qu'un prolongement de la nature interne et un bon état de la première résulte en grande partie de celui de la seconde, et vice versa. C'est l'équilibre entre ces deux aspects qui nous offre forcément un régime sain et nous enseigne les manières convenables d'agir avec les autres, de se parer, d'être un membre sain de la société et de développer un mode de vie acceptable.

L'aumône, le quatrième pilier de l'islam, fait aussi partie de la nourriture de l'âme. Pratiquer l'aumône, c'est apprendre à aimer les autres, à sentir leur douleur, à se détacher de l'égoïsme. C'est aussi le cas du jeûne (troisième pilier de l'islam) du Ramadan. Pendant un mois, l'islam nous demande de nous abstenir, entre le lever et le coucher du soleil, de manger, de boire et d'avoir des relations sexuelles. Ce jeûne représente quelque chose de plus profond que la simple privation. Il nous rend sensibles aux personnes privées non seulement de nourriture, mais aussi des éléments essentiels à la vie quotidienne. Ce jeûne développe aussi chez nous une responsabilité sociale. Aimer Allah et son messager, ce n'est pas seulement le dire, c'est aussi agir.

Le prophète Mohammed — que la Paix soit avec lui! — est la personne qui influence le plus ma vie tant spirituelle que matérielle. Pour moi, il est le grand enseignant de l'humanité. Sa vie montre qu'il a véhiculé les valeurs que tout être humain veut vivre et retrouver dans la société. Il a donné aux autres le peu que lui-même avait; il les a respectés. Et quand il a émigré de La Mecque à La Médina pour y bâtir l'état de l'islam, il y avait là des musulmans, bien sûr, mais aussi des juifs. Il ne les a pas expulsés. Il ne les a pas non plus obligés à embrasser l'islam, mais il a signé avec eux un pacte leur donnant la liberté totale de pratiquer leur religion. Il a édicté, pour tous les citoyens, un code de vie et des règlements basés sur des valeurs comme le respect des différences, l'amour, l'entraide, etc. L'histoire de notre Prophète est fascinante de ce point de vue. Ces valeurs qui sont chères à nos sociétés actuelles ont été véhiculées par lui, il y a très longtemps déjà. Pour lui, la seule différence qui existe réellement entre les êtres est leur piété. À part cela, ils sont tous égaux, quelles que soient leur race, leur religion ou leurs richesses. Et le verset coranique est clair, Allah le tout-puissant dit: «Ô hommes! Nous vous avons créés d'un mâle et d'une femelle et nous avons fait de vous des nations et des tribus afin que vous vous entreconnaissiez les uns les autres. Le plus noble d'entre vous, auprès d'Allah est le plus pieux. Allah est certes omniscient et Grand Connaisseur» (Sourate 49, verset 13).

Le port du voile pour la femme est un commandement d'Allah. Le Coran est clair à ce sujet. La femme le porte non pas par soumission à l'homme, mais par soumission à Allah. C'est Lui qui lui a demandé de le porter. La femme est indépendante et l'égale de l'homme. Le voile évite qu'elle ne devienne un objet comme la publicité a souvent tendance à la montrer. Le voile ne doit pas être considéré comme une barrière entre la femme et la société. Au contraire. La femme est libre de sortir, de travailler dans tous les secteurs d'activités et de participer pleinement à la vie de la société. Et cela n'est pas récent. L'honorable Dame Aicha, épouse de notre Prophète — que la paix soit avec lui! —, par exemple, connaissait l'astronomie, la poésie et la médecine. Plusieurs femmes étaient beaucoup plus instruites que les hommes et elles avaient même le droit de vote.

Pour comprendre l'islam, comme pour toute autre religion d'ailleurs, il faut s'ouvrir et se libérer de ses préjugés. Il faut aussi apprendre à faire des distinctions entre des traditions culturelles et ce que l'islam enseigne véritablement.

➤➤➤➤➤

Au jour du jugement, je voudrais qu'Allah m'accepte, qu'Il me rassure, qu'Il soit satisfait de mon cheminement, qu'Il m'accorde sa bénédiction et son pardon. Sa miséricorde est très importante pour moi. Je rêve d'entrer au paradis. Je sais que seuls la bénédiction et le pardon d'Allah me permettront d'y entrer. J'aimerais qu'Allah me dise alors que j'ai bien accompli le devoir que Dieu m'a assigné et que je n'ai pas dévié du chemin de la droiture.

Michel Perron

Né le 27 avril 1932 à La Sarre, Québec, Michel Perron fait des études à l'école forestière de Duchesnay, Québec, où il apprend les techniques de base de l'entreprise forestière. Il débute en décembre 1950 au sein de l'entreprise familiale, Henri Perron Enr. Au décès de son père en 1964, il devient président du groupe Les Entreprises Perron Inc. et de ses filiales, maintenant connues sous la raison sociale de Normick Perron Inc. En 1989, les intérêts de la famille Perron dans Normick Perron Inc. sont vendus à Noranda.

En décembre 1993, six mois après sa greffe de rein, Michel Perron décide de former une nouvelle société forestière sous le nom d'Uniforêt Inc. Il est président du conseil et chef de la direction de cette société qui emploie plus de 1700 personnes. Ayant diminué ses activités au sein de l'entreprise, il occupe le poste de président du conseil d'Uniforêt. En septembre 1999, il fonde avec son fils Claude une usine de «bois jointé» à Cap-de-la-Madeleine, Les Industries Perron Inc., dont il est le président du conseil.

Marié et père de sept enfants, Michel Perron a atteint le Pôle Nord géographique en ski de fond en complète autonomie et y a planté, le 1er mai 1994, le drapeau de la Fondation canadienne du rein. Il a également participé à des expéditions au Groenland, au Pôle Sud et au camp de base du mont Everest, où il a rejoint Bernard Voyer.

La foi est un don que j'ai reçu. Telle est ma conviction. J'ai été élevé dans la religion catholique. Dans ma famille, la religion était importante sans toutefois être vécue de façon étouffante. On m'y a enseigné qu'il y avait un Créateur et que je devais croire en lui. Mes enfants ne sont pas tous pratiquants. Je n'essaie pas de les influencer car cela pourrait les éloigner de moi. Certains d'entre eux, cependant, reviennent vers l'Église depuis qu'ils sont eux-mêmes parents.

J'aime vivre près de la nature. Les gens qui vivent près de la nature sont plus croyants que ceux qui sont entourés par le béton. J'ai observé cela lors d'une expédition au mont Everest. Mes guides népalais avaient la foi. Leur façon de l'exprimer était différente de la mienne, mais ils croyaient en un Être supérieur. Ils avaient eux aussi des bouées auxquelles ils pouvaient se raccrocher.

La nature m'aide à demander du secours à mon Créateur quand je me sens dans une impasse. Je sais qu'il est responsable de nos souffrances comme de nos joies. Il nous donne aussi la force de surmonter les épreuves qui font de nous de meilleurs personnes. Je lui dis: «Mon Dieu, aide-moi!» Jusqu'à maintenant, j'ai toujours été chanceux, il ne m'a jamais laissé tomber.

La maladie est une de ces épreuves qui font progresser la foi. Quand je me suis retrouvé malade et diminué, je me suis senti comme un homme à la mer. J'ai cherché des secours et on m'a tendu la main. Comme mon épouse et moi sommes amis avec plusieurs religieux, des communautés ont prié pour moi dans les moments difficiles que je traversais. Je pense entre autres aux franciscains que j'affectionne particulièrement. Mon bureau est situé dans un édifice qui leur appartient et je siège à leur conseil d'administration. Leurs prières ont été pour moi comme une police d'assurance.

Ma réhabilitation a été exceptionnelle. Les médecins avaient prévu trois semaines de récupération après mon opération. J'ai quitté l'hôpital après seulement six jours, le temps minimum nécessaire après la greffe d'un rein.

Un jeune homme dans la trentaine était hospitalisé en même temps que moi. Il avait été opéré deux moins auparavant et il connaissait toutes sortes de problèmes d'allergies aux médicaments. On a même dû l'opérer une seconde fois parce que son rein fonctionnait mal. Pourtant, moi, un vieux bonhomme de soixante-et-un ans, je suis sorti de l'hôpital après seulement six jours! J'avais la force physique et la volonté de guérir. Mais la Providence m'a sûrement aidé. Je suis un miraculé!

La Providence se manifeste par l'entremise des humains. Dans les épreuves, il y a toujours quelqu'un sur notre chemin pour nous aider. Quand j'ai connu un problème d'alcoolisme, par exemple, la thérapie a changé beaucoup de choses dans ma vie. À moins d'avoir une force exceptionnelle, il est impossible de se sortir seul d'un tel problème. La thérapie m'a permis, entre autres choses, de mieux me connaître et de faire confiance à Dieu. Je suis maintenant sobre depuis dix-neuf ans. Je ne boirai jamais plus grâce à la présence et à l'aide des personnes de mon entourage. Sans elles — sans mon épouse qui a beaucoup prié — je n'aurais jamais décidé de suivre une thérapie. C'est pourquoi je me suis engagé auprès de personnes alcooliques afin de les aider, comme moi-même je l'avais été. J'ai offert mon appui à une maison de thérapie. Par la suite, je me suis occupé de la Fondation Jean-Lapointe dont j'ai été le président pendant six ans.

→→→→→

Je ne suis pas gêné d'afficher mon appartenance à la religion catholique. Ma pratique religieuse se concrétise par la messe du dimanche. À moins d'un empêchement majeur, je profite de ce moment pour m'accorder des temps de réflexion et me rapprocher de mon Créateur. L'église est un endroit propice à cela.

Chaque matin, je remercie mon Créateur de m'avoir donné la vie. Toute la journée, je sens sa présence. Comme l'exercice est pour moi une forme de prière, je pense à lui au moment de ma promenade après le repas du midi. Je le remercie pour la santé que j'ai retrouvée et j'ai une pensée pour les gens qui souffrent.

La prière occupe une place importante dans ma vie. J'y porte une attention spéciale à l'amour de mon prochain, comme le Christ nous l'a recommandé. Ce n'est pas toujours facile. Comme les personnes moins aimables sont elles aussi des êtres humains, je tente tout de même de me rapprocher d'elles. Je réalise souvent, en leur parlant, en les écoutant et en tentant même de les faire sourire, qu'il y a en elles une bonté que je ne soupçonnais pas.

Ma pratique religieuse ne se limite cependant pas à la messe du dimanche et à la prière. Mon engagement auprès des personnes alcooliques est une façon de la vivre, tout comme les contacts que j'essaie d'établir avec les gens. Si, par exemple, un chauffeur de taxi est maussade, je lui en demande la raison. Il me parle de la circulation, de la mauvaise température ou de ses difficultés personnelles. Je lui réponds: «Tu es en vie. Tu as une bonne santé et un travail. Si tu étais malade et hospitalisé, tu aurais peut-être raison de maugréer. Pourtant tu es un privilégié. Que désires-tu de plus?» Quand je descends de son véhicule, le chauffeur me remercie toujours, et il me dit que je lui ai fait du bien.

➤➤➤➤➤

Ma spiritualité en est une de tête et de cœur. Comme je suis souvent trop sensible, je ne peux pas écouter uniquement mon cœur. Réprimander quelqu'un, par exemple, ou, pire encore, le congédier, me bouleverse. Je dois alors faire appel à ma raison.

J'ai lu quelques ouvrages de Khalil Gibran. Ce sont d'ailleurs des textes de cet auteur que nous avons choisi de lire lors des funérailles d'un de mes fils, il y a dix ans. Il n'a pas su vaincre ses problèmes de drogues; ce sont eux qui l'ont emporté. C'est une des raisons pour lesquelles je me suis intéressé à la Fondation Jean-Lapointe qui permet à des jeunes et à des moins jeunes de se réhabiliter. Un autre de mes fils a connu des problèmes semblables. Nous avons fait de notre mieux pour l'aider. Heureusement, il s'en est sorti. C'est lui qui m'a donné son rein. Il m'a dit à cette occasion: «Vous m'avez donné la vie. Vous m'avez ensuite sauvé la vie. C'est maintenant à mon tour de vous la redonner.» Son geste a eu une grande influence sur sa propre vie. Il est maintenant président du conseil d'administration de Québec Transplant. Il travaille également à la Maison des greffés de Montréal. Il s'occupe des gens en attente d'une greffe et trouve des endroits où loger ceux et celles qui ont déjà été opérés.

➤➤➤➤➤

Quand je rencontrerai mon Créateur, je lui demanderai s'il a été satisfait de moi. Je tenterai de le convaincre que j'ai été un bon garçon. Je lui demanderai pardon pour les choses que j'aurais dû faire et que je n'aurai pas accomplies. Je sais qu'il sera un juge équitable.

Jean-Louis Roux

Auteur, comédien, metteur en scène et directeur d'organismes culturels, Jean-Louis Roux est au Canada l'une des personnalités les mieux connues du théâtre, du cinéma et de la télévision. Cofondateur en 1951 du *Théâtre du Nouveau Monde*, il en est le directeur artistique de 1966 à 1982, alors qu'il est nommé directeur général de l'École nationale de théâtre du Canada, organisme dont il avait été l'un des cofondateurs en 1960. En 1987, il revient à l'exercice de son métier.

En 1994, il est nommé au Sénat du Canada par le premier ministre Jean Chrétien. Il démissionne en 1996 pour devenir lieutenant-gouverneur de la province de Québec, poste qu'il quitte en janvier 1997. En juin 1998, il est nommé président du Conseil des arts du Canada.

Jean-Louis Roux a reçu plusieurs distinctions: Compagnon de l'Ordre du Canada, Chevalier de l'Ordre national du Québec, doctorats *honoris causa* de l'Université Laval, de l'Université Concordia et de l'Université d'Ottawa.

J'ai la foi, non pas en un Dieu, mais en l'être humain. Je n'oublie pas ses imperfections, mais je crois qu'il parvient à les transcender.

Même si je ne crois pas en Dieu, je ne nie pas pour autant l'existence du Christ. C'est un grand personnage historique au même titre que Krishna ou qu'un autre prophète. Le Christ a apporté une contribution incommensurable au genre humain à cause de ses enseignements sur la charité. Je n'utilise pas ce mot dans son sens restreint de don d'argent ou de service à autrui. Je pense plutôt à son sens plus large de compréhension et de compassion envers autrui. La compassion, de même que la tolérance, sont des notions extrêmement importantes pour vivre en société. Ce sont des notions et des principes que le Christ à enseignés à l'humanité.

Comme je suis né dans une société profondément religieuse, trop probablement, j'ai déjà eu la foi. Elle était un peu naïve et me portait plus au scrupule qu'à l'action ou à l'ouverture d'esprit. C'est cela qui m'a amené à me poser des questions et à perdre la foi.

Avoir la foi n'est pas une chose qui me manque. D'ailleurs si j'étais croyant, je serais contemplatif. L'essentiel de ma vie consisterait à être en relation avec Dieu. Si je croyais en lui, je trouverais en effet futile de faire quoi que ce soit.

Ceci étant dit, je ne m'emploie pas à nier l'existence de Dieu; je constate simplement que j'en doute. Ce doute me mène à l'action. Cela peut sembler contradictoire, mais c'est une chose que j'observe dans ma vie quotidienne. Le fait que je ne sois jamais certain d'atteindre la perfection ou de donner le meilleur de moi-même me pousse à essayer d'aller plus loin. C'est ce que j'appelle être inspiré par le doute pour en arriver à l'action.

Je ne juge pas les croyants. Je ne porte pas de jugements sur eux, même si je n'aime pas beaucoup ceux qui, parmi eux, n'ont la foi que pour se réconforter, se consoler à l'idée d'être sauvés et d'avoir la vie éternelle.

Quand on se réfère à la définition du mot «religion», on y trouve le mot «relié». La religion est donc une façon d'avoir des liens avec quelqu'un ou quelque chose d'autre. Pour le croyant, la religion est ce qui le relie à Dieu ou à un Être suprême. Comme je ne suis pas croyant, ma religion, c'est l'être humain et tout ce qui relève de ma relation avec lui.

L'être humain vit dans une dualité: il est corps et esprit. Il a le pouvoir de raisonner et d'éprouver des émotions. Pour moi, cela ne relève pas simplement de ses composantes chimiques, biologiques ou nerveuses. Il y a plus en lui; il y a l'esprit, ou l'âme, ou un autre nom que l'on donne à sa partie spirituelle.

Ma vie spirituelle se nourrit à ma condition d'être humain. Je n'ai pas de tendances à la méditation, mais la réflexion m'intéresse. Comme je ne crois pas en un Être supérieur qui nous a créés et qui régit notre vie, je ne peux pas m'arrêter et méditer sur ma relation avec lui. Je réfléchis toutefois à ma relation avec les autres êtres humains, à la relation que j'entretiens avec mon métier, à tout ce qui s'y rapporte et au poste que j'occupe.

Je règle ma vie sur deux principes: aider autrui et ne rien faire pour lui nuire. C'est là ma morale, et elle est très exigeante. On dit souvent que la liberté individuelle s'arrête au moment où elle fait tort à la liberté d'autrui. C'est un peu la règle qui me guide quand je dis que je ne veux pas nuire à autrui. Par ailleurs, aider autrui recouvre une réalité plus large. Cela va du dollar que l'on dépose dans la casquette d'un mendiant jusqu'à un apport plus conséquent dirigé vers nos semblables.

C'est volontairement que j'utilise le mot «aider». J'ai horreur des expressions comme «faire le bien» ou «être bon». Cela me rappelle l'attitude très paternaliste que l'on nous enseignait dans ma jeunesse. «Faire le bien» impliquait alors que nous avions ce bien en nous et que nous devions en faire cadeau aux autres. Voilà pourquoi je préfère l'expression «aider autrui dans la mesure du possible».

>->->->->-

Plusieurs auteurs m'ont influencé au cours de ma vie. À un moment donné de mon adolescence, j'ai dévoré les livres de Lanza del Vasto, un grand humaniste qui professait des valeurs morales auxquelles je tiens encore. Je suis maintenant attiré par des auteurs moins religieux. J'aime lire Montaigne, par exemple, un grand sage non dépourvu d'humour, ce qui est pour moi très important.

À une autre époque, je me suis beaucoup nourri de Saint-Exupéry. Je trouve d'ailleurs que c'est un auteur négligé. On se limite souvent à ses premiers écrits comme *Vol de nuit* et *Terre des hommes* par exemple, et l'on oublie *Citadelle*, un livre qui fait dépasser à son auteur le statut de philosophe de salon qu'on lui attribue habituellement. Saint-Exupéry est un auteur que je relis avec plaisir.

Beaucoup de croyants de ma génération, qui ne le sont peut-être plus, ont été séduits par Teilhard de Chardin. En ce qui me concerne, les auteurs plus littéraires, comme Marcel Proust ou André Gide, m'ont toujours attiré davantage. Au-delà de leur talent romanesque, c'est une philosophie de vie que j'ai puisée dans leurs œuvres.

➤➤➤➤➤

Lorsque je mourrai, si je me trouve en présence de Dieu, je m'écrierai peut-être: «Surprise! Surprise!» Dans un registre plus sérieux, peut-être lui dirai-je aussi: «J'ai à vous parler. Vous me devez pour le moins des explications, sinon des comptes...»

Louise Roy

Louise Roy est née à Québec en 1947. Elle fait ses études universitaires de premier cycle à Montréal, où elle obtient un B.Sc. en sociologie en 1971. Elle poursuit ses études à l'Université du Wisconsin jusqu'à l'obtention d'une maîtrise puis d'un doctorat (Ph.D.) en sociologie, en 1974.

De 1978 à 1981, elle est chargée de cours à l'Université de Montréal et l'auteure de plusieurs publications sur les politiques de transport urbain au Québec. Jusqu'en 1985, elle occupe diverses fonctions au ministère des Transports du Québec. De 1985 à 1992, elle est présidente directrice générale de la Société de transport de la communauté urbaine de Montréal.

De 1994 à 1997, elle occupe le poste de vice-président exécutif, Amériques, et vice-président exécutif, Marketing global, pour Air France à Paris.

En juin 1997, Louise Roy devient présidente et chef de la direction de Télémédia Communications Inc., compagnie canadienne de communication œuvrant dans le domaine des médias, radio et édition. Télémédia opère 72 stations de radio à travers le Canada et publie douze magazines.

En 1985, le quotidien *La Presse* la désigne «Personnalité de l'année, catégorie administration». En juin 1988, la Société Saint-Jean-Baptiste de Montréal lui remet le prix Chomedey de Maisonneuve de la personnalité montréalaise de l'année. En 1994, le Public Policy Forum lui décerne son prix d'honneur au titre de sa contribution à la direction d'une grande entreprise du secteur public.

Je n'ai pas la foi, du moins dans le sens que nous donnons traditionnellement à cette expression. Je n'ai pas de croyance en un Dieu «catholique» institutionnalisé ou en une Superforce qui serait au-dessus de tout. Mon adjointe me fait part de demandes qu'elle formule parfois: «Aujourd'hui, je Lui ai demandé de l'aide parce que j'avais un problème.» Moi, je n'ai pas et je n'ai jamais eu cette réaction de m'en remettre entre les mains de Dieu ou d'une autre force. Avoir la foi, pour moi, c'est croire en la vie, en l'humain. Et c'est quelque chose de très important.

Je crois que nous avons tous un moteur, une énergie pour agir, pour accomplir des choses et les changer si nécessaire. Ce moteur nous fait progresser, dire oui ou non à des propositions qui nous sont faites. Il nous donne la motivation pour accomplir les gestes de notre vie quotidienne. Je suis convaincue que ce n'est pas le hasard qui nous fait agir. Je crois aux affinités qui font que des choses arrivent. Un jour, par exemple, après avoir répondu à une annonce dans un journal, j'ai cohabité avec cinq personnes fort sympathiques. Un peu plus tard, je me suis retrouvée seule dans cette maison. Toujours par le biais d'une annonce, je l'ai ensuite partagée avec deux femmes qui sont encore pour moi, depuis vingt-cinq ans, de grandes amies.

Nous avons tous un système de croyances, qu'elles soient religieuses ou non. La foi, comme la politique par exemple, fait partie des idéologies que les êtres humains ont besoin de se donner pour fonctionner et donner un sens à leur vie. En ce qui me concerne, j'ai foi dans la démocratie, qui est une forme de fonctionnement de la société. Je crois aussi à un système de représentation, à la coopération, à l'égalité entre les hommes et les femmes. Je peux aussi affirmer que je ne crois pas à des systèmes de domination comme le totalitarisme et la dictature. Je ne peux m'empêcher de penser que les croyances religieuses mènent parfois à des extrémismes regrettables. Pensons aux tueries qui ont eu lieu en Algérie au nom de l'islam. Pensons aussi aux mésententes politiques en ex-Yougoslavie qui ont mené les gens de religions différentes à s'affronter. Ni un parti ni l'autre n'ont tenu compte de la morale qui, normalement, aurait dû découler de leurs croyances religieuses.

Je crois en mon «prochain», celui-ci étant les personnes avec qui j'entretiens des relations amicales ou professionnelles. Je leur fais confiance et je crois à ce qu'elles peuvent m'apporter. À travers elles, je crois aux êtres humains en général et à leur capacité de faire changer les choses ici et maintenant.

J'ai toujours cherché en moi, ainsi que dans l'affection et le soutien de mes proches, la force de surmonter les difficultés. J'ai été élevée par des parents catholiques. J'ai des amis qui sont croyants. Je ne suis moi-même jamais entrée dans l'univers de la foi. Je vis avec un artiste et je suis sensible à l'art. Je trouve «de l'âme» dans les formes de l'expression artistique et je m'en sens proche. Les choses de l'âme sont celles qui ont trait à la sensibilité, à l'amitié, à l'amour et à l'émotion. Elles sont le temps que nous prenons à écouter et à être attentifs à ce qui nous entoure. Elles s'opposent au matérialisme. J'y trouve des réponses aux nombreuses questions que je me pose sur le sens de la vie humaine. Y a-t-il une vie après celle-ci? Je ne crois pas. S'il y en a une, tant mieux, mais je n'y aspire pas. Je ne vois pas très bien comment elle pourrait être; cela dépasse ma compréhension. Je suis cependant convaincue que, malgré son apparente absurdité, nous avons une vie à vivre et ce le mieux possible. Il nous faut en «profiter» tout en respectant certaines règles et normes éthiques.

J'ai trouvé le sens de ma vie dans la capacité que j'ai à transformer des situations, à faire avancer des idées et à transmettre mes valeurs par mes comportements. Le respect et la tolérance, par exemple, sont des valeurs très importantes pour moi. Dans mes relations amicales ou professionnelles, j'ai toujours tenté de privilégier une forme de rapport humain qui permette véritablement d'agir, mais pas de n'importe quelle façon. C'est en quelque sorte ma morale ou mon éthique.

Je n'ai jamais fait de compromis, et il est important pour moi que les gens m'acceptent telle que je suis. J'ai heureusement réussi jusqu'à maintenant à évoluer dans des milieux de travail qui m'ont permis d'être intègre et fidèle à moi-même. J'exige des gens qui m'entourent qu'ils soient directs et jouent franc jeu. Je suis une personne transparente qui n'accepte aucun faux-fuyant. Je suis mal à l'aise avec les gens qui ne sont pas directs et honnêtes.

Comme je n'aime pas beaucoup les relations de pouvoir, j'accorde une grande valeur à mes collaborateurs. J'essaie de les aider à bien travailler en équipe dans un environnement stimulant qui respecte l'évolution de chacun et de chacune. J'ai laissé ma marque dans les entreprises où j'ai travaillé parce que j'ai été capable — c'est du moins ce que je crois — d'y créer un sens du rassemblement. Je suis un rassembleur. Je ne suis pas spécialiste de quoi que ce soit, mais j'essaie de m'entourer de gens qui vont accomplir des choses ensemble.

L'intégrité a une grande importance à mes yeux. Elle ne relève pas de croyances religieuses. Plusieurs personnes autour de moi font preuve d'une grande intégrité sans être croyantes. J'ai eu la chance de naître et de vivre dans une famille où l'intégrité et le respect étaient des valeurs importantes. Ma confiance dans la vie, en moi-même et dans les autres est un héritage qui m'a été transmis par ma famille. Cette confiance m'a parfois joué des tours, mais, malgré tout, je la préfère à la méfiance. Elle donne une richesse à mes relations.

Mon conjoint et moi avons des amis dont les valeurs sont parfois très différentes des nôtres. Cela ne nous empêche pas de nous sentir à notre aise dans cette gamme d'amitiés. Je ne juge pas les gens qui m'entourent. Il me serait néanmoins difficile de bâtir des relations solides avec des gens qui auraient des valeurs totalement opposées aux miennes.

➤➤➤➤➤

La spiritualité n'est pas pour moi une forme de contemplation ou de passivité. Je dois cependant admettre que la nature, la musique sacrée et les différentes expressions artistiques m'aident à me ressourcer. Peut-être devrais-je accorder justement plus de temps à la réflexion et à la contemplation? Mais comme je suis une personne d'action, je privilégie par-dessus tout les relations humaines. La vérité et l'authenticité de certaines amitiés me comblent.

La spiritualité signifie quelque chose d'actif et de généreux. Elle s'apparente au don de soi et de son temps. Je trouve qu'il est important d'aider les gens et de redonner à d'autres ce que nous avons reçu. Je m'engage dans plusieurs causes bénévoles. Je donne aussi de mon temps à des individus qui ont besoin de parler ou d'être orientés.

Alain Stanké

Alain Stanké a vu le jour en 1934 en Lituanie. En 1944, après avoir subi l'occupation soviétique, on le déporte en Allemagne où il subit les affres des camps de concentration. À la fin de la guerre, il aboutit en France où il apprend une cinquième langue, le français. Il immigre au Canada en 1951 où il entreprend des études universitaires (littérature française, études slaves, traduction et interprétariat). Son premier emploi: étalagiste dans un Woolworth. Un mois plus tard, il devient scripteur et réalisateur à CKVL.

En 1954, il débute dans le journalisme au *Petit Journal* et à *Photo Journal*, qu'il quitte en 1961 pour devenir pigiste dans les médias écrits (*Maclean*, *Châtelaine*, *Perspectives*, *La Presse*, *Commerce*, etc.), à la radio (CBF, CKAC) et à la télévision (CFTM, SRC et CBC à Toronto, car entre-temps il a appris l'anglais). Sur ces entrefaites, il devient éditeur (Les Éditions de l'Homme). Dix ans plus tard il fonde Les Éditions La Presse et, en 1975, Les Éditions internationales Alain Stanké, avec succursales à New York et à Paris. Auteur de nombreux ouvrages, il est également artiste peintre et sculpteur et, à ce titre, a participé à de nombreuses expositions.

Il a reçu l'Ordre du Canada en 1998.

Je crois en un Être supérieur, quel qu'il soit. On peut lui donner tous les noms possibles. Pour moi, il est Lui, avec un grand L.

Quand j'étais petit, j'avais la foi. J'ai vécu des choses très difficiles dans mon enfance. Je priais très fort en pensant que je serais entendu. Comme ce n'était pas le cas, je me disais: «Ah! Lui, là-haut, on n'est pas branché, quoi?» J'ai eu l'impression d'avoir perdu la foi. Mais elle m'est revenue par la suite.

Ma foi d'alors était axée sur des rites et des habitudes ainsi que sur la fréquentation de l'église. Je me sentais coupable, par exemple, si je n'assistais pas à la messe du dimanche. Plus tard, ma foi a changé, et d'une drôle de façon. À cette époque, il était interdit de manger de la viande le vendredi. Je me disais: «Ce n'est pas possible que Lui, là-haut, nous regarde avec des jumelles et qu'il se dise: "Tiens! le gars qui habite au 11 de l'avenue Orléans a mangé de la viande. Il va être puni pour cela."» C'est à partir de ce raisonnement tout simple que ma foi a commencé à évoluer.

La religion catholique n'a plus d'importance pour moi. Je m'intéresse d'ailleurs de plus en plus à d'autres religions, comme le bouddhisme qui est plus une philosophie qu'une religion. On disait autrefois: «Hors de l'Église, point de salut.» Quand je rencontrais un protestant, c'est tout juste si je ne me lavais pas les mains après notre rencontre. C'était un péché! Je me souviens d'avoir dîné à l'école avec un copain et d'avoir par la suite décidé d'entrer dans une église protestante. Nous espérions que personne ne nous verrait. On pensait: «S'il nous voit, Lui, là-haut, il va nous tomber dessus!»

Ma foi s'est peu à peu construite sur la spiritualité, non sur la croyance religieuse. Je suis très instinctif. J'écoute toujours ce qui se passe dans mes tripes. C'est sur ce plan que ma foi se situe. Je ne suis peut-être pas aussi réfléchi que je le voudrais, pas assez intelligent pour comprendre tous les mystères, mais je les sens. Ce ne sont pas des déductions, je n'essaie pas d'élaborer des preuves. C'est quelque chose de plus simple. Si je n'avais pas la foi, il y aurait un vide. Je ne me vois pas la perdant, car elle offre une raison et un réconfort à ma vie.

> → → → → →

Je pratique occasionnellement ma religion sans observer les règles qui lui sont habituellement reliées. J'ai toujours été réfractaire à ces règles; la religion, pour moi, ce n'est pas cela.

À certains moments, je le prie, Lui. Je lui fais surtout des demandes, mais c'est à la Vierge Marie que j'adresse les remerciements. Je récite d'ailleurs plus souvent le *Je vous salue, Marie* que le *Notre Père*. Je crois même que je ne me souviens plus très bien du *Notre Père*. La prière à la Vierge est sans doute reliée, dans mon imaginaire, à une mère symbolique et au fait que mon père ait été guéri par elle. J'avais de l'admiration pour mon père. C'était un saint homme. Je ne le voyais pas souvent car il était diplomate et voyageait beaucoup. Depuis qu'il est décédé, c'est lui que je prie. Je me dis qu'il est bien placé, là-haut. Pourquoi prierais-je quelqu'un d'autre que je ne connais pas?

Lorsque je voyage, je fréquente assez souvent les églises. Peut-être est-ce parce que je suis trop occupé quand je suis à Montréal... Il m'arrive tout de même d'aller dans une église lituanienne où mon fils a été organiste et chef de chorale pendant quinze ans. J'aime cette église car elle me rappelle mon enfance et me fait retrouver mes racines. Je n'y sens pas de barrière entre Lui et moi.

Quand je suis à New York, je visite une église dans le Village où les vibrations sont bonnes. Je m'y arrête pour faire le point sur la journée ou sur les événements de ma vie.

Je visite également plusieurs églises de Paris. Il y a, par exemple, Notre-Dame, où l'on peut écouter des chants magnifiques. On y oublie la foule des touristes. Je vais aussi à l'église Saint-Julien-le-Pauvre, rue de Sèvres. Je m'y sens aussi très bien.

J'ai une affection particulière pour la chapelle de la Médaille miraculeuse, rue du Bac. La Vierge Marie y est apparue. On y voit encore le fauteuil où elle a pris place. Après la guerre, quand je suis arrivé à Paris avec ma famille, mon père a été gravement malade. Les médecins ignoraient les causes de sa maladie. Ils n'avaient aucun espoir de le sauver. Ma mère et moi, nous sommes allés chercher une médaille miraculeuse dans cette église. Elle l'a ensuite épinglée au pyjama de mon père. Quelques jours plus tard, sa santé s'est améliorée. Il a même guéri complètement. Nous avons fait installer, à droite de l'autel de cette église, une petite plaque en guise de remerciement.

Toujours pour remercier la Vierge, ma famille a également fait placer une plaque dans l'église lituanienne de Notre-Dame

Porte de l'Aurore. Je me sens très bien avec ces manifestations de remerciements, car quelque chose me dit que je suis moi aussi un miraculé.

➤➤➤➤➤

Ma vie spirituelle se reflète surtout sur le plan humain. J'essaie, mais je n'y arrive pas toujours, de vivre de manière à ne pas faire de mal à autrui. C'est une règle de vie, la seule qui soit pertinente. Pour moi, le pire péché c'est celui de faire quelque chose de méchant envers quelqu'un. On peut poser des actes inconscients qui font du mal involontairement à quelqu'un, mais, pour moi, la seule chose impardonnable — le mot est fort, j'en suis conscient — c'est de faire mal intentionnellement à quelqu'un.

Je n'ai pas de guide. Je puise plutôt dans les enseignements de certains d'entre eux, comme Krishnamurti, par exemple. J'ai pris chez lui ce qui me fait réellement vibrer: vivre dans l'immédiat et veiller. Vivre comme si l'on était dans une pièce avec un serpent. Être continuellement en éveil pour éviter que le serpent ne morde. Le serpent est une image pour signifier qu'il faut essayer d'être le plus conscient possible de ce qui se passe dans l'immédiat.

Je ne suis pas, à cause de mon passé, un homme qui pense à l'avenir. Moi, je vis l'immédiat. J'ignore si je serai là demain ou dans une heure. Cela a des bons comme des mauvais côtés. Par exemple, je consomme plus. Si j'ouvre une bouteille de vin, je n'en garde pas la moitié pour le lendemain. Je la bois au complet, le jour même.

➤➤➤➤➤

J'aimerais, au moment de ma rencontre avec Lui, qu'il me dise: «Bienvenue. Je pense que tu as fais ton possible.» Je ne m'attends pas à recevoir des médailles. J'espère seulement qu'Il ne me mettra pas à la porte.

Lise Thibault

Lise Thibault est née à Saint-Roch-de-l'Achigan, le 2 avril 1939. Elle termine ses études à l'École normale de Saint-Jérôme. Au fil des ans, au travers de ses expériences de travail en éducation des adultes et en animation d'émissions télévisées à caractère socio-familial, elle devient une femme engagée socialement par ses activités politiques, culturelles, communautaires et sociales.

Elle contribue aux affaires publiques du Québec en acceptant des responsabilités à la Commission de surveillance de la langue d'enseignement du ministère de l'Éducation et à la présidence provinciale des Fêtes du Canada. Elle crée une vice-présidence aux Relations avec les bénéficiaires à la Commission de la santé et de la sécurité du travail et, par la suite, se voit confier la présidence de l'Office des personnes handicapées du Québec. Elle siège également sur différents conseils d'administration tels ceux de la Régie des rentes du Québec et de la Société canadienne de la Croix-Rouge.

Le 30 janvier 1997, elle est assermentée 27e Lieutenant-gouverneur du Québec, première femme à occuper cette fonction.

Lise Thibault et son mari, René Thibault, vivent à Saint-Hippolyte. Ils ont deux enfants et six petits-enfants.

J'ai la foi, et j'en suis heureuse. Il est triste de constater que de plus en plus de personnes se sentent tenues de dire qu'elles n'ont pas la foi. C'est un bien triste constat d'isolement. La foi est douceur et sécurité. La personne croyante se sait aimée, animée et accompagnée par Dieu. Les considérations d'ordre matériel ne donneront jamais semblable assurance.

Je ne me représente pas Dieu avec un corps, ni avec un visage humain. Il est tellement au-dessus de cela. Dieu est force, grandeur, amour. Les humains ont été créés à son image et à sa ressemblance, ils sont tous et toutes parcelles de Dieu. Quand j'entre dans la profondeur d'un regard, c'est l'âme que je perçois et chaque poignée de mains devient un merveilleux échange d'énergie.

Je suis catholique et, comme l'ensemble des Québécois, ma religion fait partie de mon héritage culturel au même titre que ma langue et mon pays. Un héritage doit se transmettre. De jeunes parents se demandent souvent s'ils doivent ou non faire baptiser leur enfant. À mon humble avis, le baptême fait partie de l'héritage religieux et il y va de la responsabilité des parents de le transmettre à leurs enfants. Plus tard, ceux-ci seront tout à fait libres d'en disposer comme bon leur semblera.

Je ne vais pas à la messe tous les dimanches. Rien ne me fait cependant plus de bien que de m'arrêter dans une église silencieuse. Lorsque je réponds à l'invitation des communautés religieuses pour célébrer un événement ou un anniversaire, j'apprécie qu'on m'accorde le privilège de me recueillir quelques minutes dans la chapelle avant de rencontrer les gens.

Pour exercer cette mission de rassembleur qui me tient tant à cœur, il est impensable d'écarter la religion de la fonction que j'occupe. Lorsqu'on est invité à accompagner des mourants dans les maisons de soins palliatifs, à visiter des personnes âgées souvent isolées dans leur centre d'hébergement et de jeunes enfants hospitalisés, il est possible, quand on a la foi, de transformer certaines souffrances en espérance.

➤➤➤➤➤

Certaines personnes ont une vie spirituelle intense, sans nécessairement appartenir à une religion. Il faut reconnaître que la spiritualité et la religion font un très heureux mariage.

Les règles, celles de l'Église par exemple, relèvent de la religion. Ceux et celles qui y adhèrent doivent en principe les respecter. La spiritualité n'a pas de règles. C'est une relation privilégiée avec l'Au-delà et chacun peut s'abreuver à cette source comme il l'entend.

La spiritualité est une affaire de cœur et d'esprit. Quand l'un et l'autre ne sont pas liés, il y a un grave problème d'équilibre. C'est probablement le plus grand reproche que je peux adresser aux chefs de file. Pour se sentir à l'aise dans leur tête, ils laissent souvent leur cœur et leurs valeurs personnelles à la maison. J'ai rencontré plusieurs de ces hommes et de ces femmes qui ont des valeurs extraordinaires. Ils n'osent cependant les véhiculer parce qu'elles ne correspondent pas à la rectitude politique de leur image publique.

Depuis mon entrée en fonction, je reçois des lettres magnifiques. On me dit principalement trois choses: «Nous avons besoin de votre dignité. Merci de partager nos valeurs. Essayez de faire tomber les tensions.» On ne me demande pas d'être une superfemme, mais plutôt de partager et de comprendre les valeurs des citoyens.

Les valeurs font grandir les êtres humains. André Comte-Sponville, dans son livre intitulé *Petit traité des grandes vertus*, place la politesse au premier rang. À mes yeux, la politesse est une réaction de notre âme à l'égard des individus que nous rencontrons. Elle se situe dans le savoir-faire et le savoir-être. Notre façon d'agir envers les autres est notre carte de visite.

Pendant une dizaine d'années, saint Jude a été un compagnon de vie exceptionnel. Je lui adressais souvent des prières ferventes. Mais c'est la Vierge Marie qui, durant ce millénaire, aura été pour notre monde la personne la plus présente. Pensons à ses nombreuses apparitions et aux grands messages qu'elle a adressés à l'humanité. Marie a été une véritable mère, une femme magnifique, aimante, une grande dame. Rappelons-nous que lorsqu'un malheur arrive, deux mots nous viennent soudainement à l'esprit: mon Dieu! et Maman!

➤➤➤➤➤

Mes lectures sont actuellement commandées par mon travail: les journaux, ma correspondance, de la documentation sur les organismes inscrits à l'agenda, des scénarios d'événements, quelques magazines traitant d'actualité. Je reçois également de très beaux livres que je dois malheureusement me contenter de lire en diagonale. Je suis toutefois confiante qu'un jour la vie m'accordera le temps d'en savourer le contenu. J'ai l'habitude de noter, dans ce que j'appelle mon «livre blanc», des extraits de textes qui me touchent, des sujets de réflexion qui m'interpellent. Lorsque j'ai connu un assez grave problème de santé il y a quelques années, j'ai ressorti mes livres blancs. J'y ai retrouvé tout ce dont j'avais besoin pour me ressourcer, m'oxygéner et me garder sereine. C'est quand nous sommes en santé qu'il convient d'identifier les sources auxquelles nous pouvons nous abreuver. Souvent, une toute petite phrase peut être plus efficace que la lecture de deux ou trois livres.

Depuis quelques mois, une pensée m'accompagne: «Il faut porter en soi une musique qui fait danser la vie.» Cette musique, c'est celle de l'âme, de la foi en la vie, en les autres et en nos propres capacités. Elle nous permet de nous élever au-dessus de nos petites vies. Elle est une passion qui accompagne notre quotidien. On peut sentir l'âme d'un musicien à sa façon de maîtriser son instrument. Pour cela, il lui a fallu s'exercer, s'exécuter encore et encore. Il en va de même pour l'être humain: il doit s'exercer à grandir. S'il a nourri sa foi, s'il lui a donné de la dimension, de la profondeur, elle lui permettra non seulement de surmonter les épreuves et les difficultés mais aussi d'expérimenter la vie à plein, d'oser le meilleur de sa vie.

➤ ➤ ➤ ➤ ➤

À ma mort, j'aimerais tout simplement entendre Dieu me dire: «Je t'attendais...»

Réjean Tremblay

Réjean Tremblay est chroniqueur de sports à *La Presse* depuis 1974. Il a parcouru le monde, que ce soit à Moscou, à Buenos Aires, à Melbourne ou à Nagano pour couvrir les grands événements qui retiennent l'attention de la planète.

Il est aussi chroniqueur aux stations CKAC à Montréal, CHRC à Québec et CKRS à Chicoutimi.

Il est également l'auteur de grandes séries de télévision qui ont marqué l'imaginaire du Canada français. D'abord *Lance et Compte*, trois saisons, puis *Scoop*, quatre saisons, suivi d'*Urgence* et de *Réseaux*, toutes de grandes séries qui ont duré plusieurs années chacune. Il a également écrit avec Fabienne Larouche les miniséries *Le Masque*, *Innocence*, *Paparazzi* et *Miséricorde* dont le thème était la grâce de Dieu et le service des religieuses.

Réjean Tremblay est né à Saint-David de Falardeau et après avoir enseigné le latin et le grec pendant neuf ans au classique, il s'est lancé dans le journalisme au *Progrès-Dimanche* de Chicoutimi.

Il a remporté de nombreux prix nationaux de journalisme et trois Gémeaux pour le meilleur scénario à la télévision canadienne.

Certaines de ses séries ont été vues dans 58 pays.

Je n'ai pas la foi, du moins celle définie par l'Église catholique. Je n'ai pas cette foi en Dieu, en l'existence presque palpable du Père avec qui l'on peut entretenir une relation d'amour. Cette foi me semble très belle, mais c'est un privilège et un don. Je ne sais pas si l'on peut «faire» quelque chose pour trouver la foi. La prière, certaines lectures et surtout certaines rencontres peuvent peut-être nous y mener. Je suis convaincu que la foi est une grâce qui nous est donnée.

Plusieurs romanciers français et anglais, surtout ceux du début du XXe siècle, ont désiré recevoir cette grâce. Je pense à Graham Greene, par exemple, l'auteur de *La puissance et la gloire*. Toute sa vie, il a écrit sur la relation de l'homme avec Dieu. Il a connu des périodes de désespoir parce qu'il avait le sentiment que Dieu ne lui accorderait jamais la grâce d'avoir la foi.

J'ai l'impression d'avoir déjà été frôlé par cette grâce. Je devais avoir dix-neuf ou vingt ans. J'étudiais à Chicoutimi. Puis, Vincent Simard, un professeur merveilleux, m'a fait découvrir la philosophie. Socrate, Aristote, saint Thomas et Descartes ont eu une grande influence sur moi. La foi qui m'avait frôlé a laissé la place à la philosophie et à la raison.

Ce que j'appelle ma foi est donc une chose rationnelle. S'agit-il vraiment de la foi? Il suffit de réfléchir, me semble-t-il, pour découvrir que l'on a besoin d'un Créateur, d'une cause première qui, elle, n'a pas été créée. Je crois en cette puissance supérieure découverte grâce à la philosophie. Cette puissance fait arriver les choses. Elle a en elle tout le potentiel de l'Univers. Ma raison me mène à cette conclusion, mais elle n'implique pas une relation avec cette puissance supérieure.

Ma conjointe est de foi baptiste. Elle vit une relation d'intimité avec Dieu. Elle lui parle et se met à son écoute. Dieu est pour elle un Être très vivant. En ce qui me concerne, je ne connais pas cette sorte d'intimité. Ce dont je me sens proche, et dans une certaine relation, c'est du Christ et de sa Parole.

Ma vie intérieure est basée sur les lois naturelles et sur la grande loi de l'amour telle que formulée par Jésus: «Aime ton prochain comme toi-même.» Il est intéressant de remarquer qu'il faut commencer par s'aimer soi-même. Dans la vie, c'est souvent ce que nous faisons le moins. Pourtant, plus nous sommes capables de nous aimer, plus nous nous ouvrons aux autres dans la générosité et la tolérance. Pour parvenir à nous aimer et à trouver notre propre estime, il faut évidemment bien nous connaître. Nous rejoignons ici le «Connais-toi toi-même!» de Socrate.

Jésus est vraiment passé sur la terre. Ce prédicateur juif a tenu des propos étonnants tels que: «Laissez venir à moi les petits enfants» et «Si on te frappe sur la joue gauche, tends la joue droite». Parler de charité, à cette époque de la domination de son pays par les Romains, avait quelque chose d'extraordinaire.

On peut se fier à la mémoire des gens de l'époque de Jésus. Les évangélistes Matthieu, Marc et Luc ont raconté son histoire. Quant à l'évangile de Jean, il est surtout centré sur son enseignement. C'est probablement l'un des plus beaux livres jamais écrits. Grâce aux évangiles, je me sens en relation avec le Christ. Il est vraiment pour moi un modèle de tolérance envers les faiblesses des autres, même s'il a été capable de se fâcher et de chasser les vendeurs du Temple. C'est ce que signifie pour moi être chrétien.

En ce qui concerne la résurrection, quand je me demande s'il est possible de ressusciter, je réponds par la négative. Que s'est-il réellement passé? Je ne sais pas. Je préfère ne pas me poser de questions à ce sujet.

➤➤➤➤➤

Je ne suis pas catholique. Je ne vais pas à la messe, le dimanche, et je ne célèbre aucune des grandes fêtes du catholicisme. L'Église a enseigné aux gens de ma génération ce qui servait son propre pouvoir. Voilà pourquoi beaucoup de personnes s'en sont éloignées. Cela ne signifie pas qu'elles aient rejeté pour autant les préceptes de l'Évangile.

Il m'arrive de prier de façon instinctive. Il y a quelques années, par exemple, j'ai vécu une période difficile qui m'a conduit au divorce. À un moment, la souffrance m'a fait dire: «Mon Dieu, donne-moi un coup de main. Si quelqu'un est à l'écoute, aidez-moi!» Cette prière n'a duré que quelques secondes.

Je suis également ouvert aux façons de prier de ma conjointe. Nous partageons ensemble de grands moments de bonheur. Il arrive alors qu'elle me prend la main et suggère de remercier Dieu. Sa foi et sa façon de l'exprimer m'inspirent.

➤➤➤➤➤

À ma mort, j'aimerais que Dieu dise de moi: «Il a fait de son mieux.» Il ne peut me demander plus que cela.

Michel Vastel

Michel Vastel est originaire de Normandie. Installé au Canada depuis 1970, il travaille d'abord au gouvernement du Québec et au Conseil du Patronat avant de reprendre son métier de journaliste successivement au *Devoir*, à *La Presse* et maintenant au *Soleil*. Sa chronique du *Soleil* est également publiée dans les deux autres journaux de la chaîne Unimédia, soit *Le Droit* d'Ottawa et *Le Quotidien* de Chicoutimi. Il est aussi correspondant régulier du magazine *L'Actualité* pour les affaires nationales.

En poste à Ottawa pendant 17 ans, il s'installe en 1995 à Montréal. Affecté au bureau de Montréal du journal *Le Soleil*, il poursuit sa chronique sur la politique nationale, portant une attention particulière aux actualités politiques dans les capitales provinciales du Canada anglais.

Auteur du livre *Le Neveu* en 1987, Michel Vastel a également écrit trois biographies de premiers ministres du Canada — Pierre Elliott Trudeau en 1989 — et du Québec — Robert Bourassa en 1991 et Lucien Bouchard en 1995. Il est marié et père de trois filles.

La foi procède du besoin que nous avons de donner un sens spirituel à notre vie. Nous ne pouvons nous contenter de notre réussite matérielle ni de notre gloire personnelle. Nous tentons de donner un sens spirituel à tout cela. La foi est en quelque sorte une inspiration qui nous pousse à poursuivre d'autres objectifs que nos seuls succès personnels. Elle fait de nous des êtres qui rayonnent et peuvent ainsi influencer les autres. La foi nous incite donc à nous dépasser.

«Croire» ne signifie pas nécessairement «croire en Dieu». D'autres ont la foi sans pourtant se préoccuper de ce que Dieu attend d'eux. En ce qui me concerne, je crois en Quelque Chose qui dépasse mon entendement. Je sais que C'est là et que Ça existe. On peut l'appeler Dieu. On peut tout aussi bien l'appeler Jésus. C'est tellement simple de dire que l'on croit en Dieu! Mais la foi est indéfinissable; elle dépasse les limites de notre intelligence. Voilà pourquoi j'hésite à lui donner un nom. Je ne parle jamais de Dieu parce que je ne peux pas le conceptualiser ni le concevoir.

Ma foi est très raisonnée. D'une certaine manière, elle est ce que j'en fais: une inspiration, une façon d'être et de vivre. Il est trop facile de dire: je crois en Dieu, je l'aime ou je fais ceci ou cela pour Lui. Ma foi constitue plutôt une démarche intellectuelle: je décide de ne pas me contenter d'une vie d'homme et de rechercher quelque chose de plus. Saint-Exupéry avait pour devise: «Davantage.» Cela me paraît être une bonne définition de la foi: vouloir être et faire davantage.

Je reproche souvent aux personnalités politiques de ne pas témoigner de leur foi dans leurs discours. Bien sûr, ces politiciens doivent avoir une vision qui respecte le pluralisme de la société. Cela ne doit cependant pas les empêcher de témoigner de leur foi ni de dire qu'elle les amène justement à respecter celle des autres. Ils pourraient par exemple exprimer leur déchirement devant certaines décisions qu'ils doivent prendre. Pensons à la pauvreté ou à l'avortement. Les politiciens pourraient expliquer pourquoi, tout en ayant la foi, ils ne peuvent agir autrement.

Nos dirigeants canadiens sont tous chrétiens, et même catholiques pour la plupart. Cela ne devrait pas être sans signification. L'actuel premier ministre du Canada est catholique. Il va à la messe tous les dimanches à la cathédrale d'Ottawa comme le faisaient ses prédécesseurs. Le premier ministre du Québec est un catholique pratiquant, et une bonne moitié de son conseil des ministres l'est également. Or, comment ces hommes et ces femmes politiques se comportent-ils? Comment témoignent-ils de leur foi? Ils ne parlent jamais des valeurs sur lesquelles ils fondent leur façon de gouverner. J'y vois là une certaine hypocrisie. Pour reprendre une expression de Fernand Dumont, ce n'est pas une foi très «partagée».

Certaines actions de personnalités publiques sont même en contradiction avec leur foi. Sur le plan économique, par exemple, ils se conduisent comme de véritables païens. Je pense que si Jésus entrait dans nos parlements, il renverserait quelques fauteuils et ferait sûrement une autre sainte colère. Tout compte fait, il vaut peut-être mieux que certaines personnalités publiques ne témoignent pas de leur foi. En effet, si nous savions qu'elles croient en Dieu, leur façon d'agir ne nous encouragerait pas à partager cette foi-là!

Il me semble qu'une personne croyante devrait être prête à témoigner de sa foi. C'est ce que j'essaie de faire. J'ai participé un jour à une émission radiophonique consacrée à Fernand Dumont. C'était pour moi une occasion de participer au rayonnement de sa pensée et, par la même occasion, de témoigner de notre foi commune.

Il ne faudrait cependant pas croire que, ce faisant, je prétende constituer un exemple pour les autres. Mon métier de journaliste me donne, certes, la parole. J'écris, je parle à la radio ou à la télévision. Cela me confère une certaine influence. Mais je ne veux pas nécessairement que les autres m'imitent ou me suivent. Bien sûr, quand on me demande si je suis catholique, si je pratique et si j'ai la foi, je réponds «oui». Cela ne veut pas dire que je veuille me servir de mon influence pour convertir les autres!

Je suis catholique, bien que ma pratique religieuse soit moins assidue qu'autrefois. Mais avoir la foi, ce n'est pas aller à la messe le dimanche ou faire ses Pâques, comme on dit. La foi ne tient pas, selon moi, à des rites, encore que ceux-ci ne soient pas totalement inutiles. Que cinq cent mille jeunes, par exemple, se rassemblent à Paris pour partager leur foi avec le pape, cela a évidemment un sens particulier. Je conçois qu'il puisse être important de s'arrêter au moins une fois la semaine pendant une heure. Je crois que le fait de se rassembler dans une église ou en tout autre lieu avec des personnes qui partagent la même foi peut avoir une signification. Mais cela n'est pas indispensable et peut même devenir un alibi. Il ne faut pas que les rites dispensent d'agir le reste du temps. Il serait facile de se contenter d'aller à la messe le dimanche et de se conduire n'importe comment par la suite. Pratiquer sa foi, c'est un devoir de tous les instants.

➤➤➤➤➤

La Parole de Dieu, dans l'Évangile et le Nouveau Testament surtout, est une source d'inspiration pour moi. J'ai l'avantage d'appartenir à une communauté chrétienne animée par des pères dominicains. Leur façon de présenter la Parole de Dieu est enrichissante. Elle me donne des exemples à suivre et me lance des défis à surmonter. Je ne me réfère pas systématiquement aux textes de l'Évangile. Je sais cependant qu'ils sont là et que, lors d'une célébration ou d'une lecture, ils pourront m'inspirer.

Je n'ai pas le réflexe, dans des moments difficiles, d'aller chercher de l'aide, que ce soit dans un livre ou ailleurs. Ma foi me dit que je vais m'en sortir parce que je suis intelligent et que je cherche à donner un sens à ma vie. Quelque Chose me rend meilleur et me donne une raison d'espérer sortir de la situation où je me trouve.

➤➤➤➤➤

J'espère qu'à ma mort Dieu me souhaitera la bienvenue, même si je me sens un peu inquiet de lui faire face. Je crains en effet qu'il me reproche de ne pas en avoir assez fait. J'aimerais qu'il me dise que, malgré mes imperfections, je ne lui ai pas fait honte et que j'ai été une créature dont il a pu être fier. Mais Dieu est un Être tellement parfait! Je ne vois pas comment il pourrait être satisfait d'un homme...

Table des matières

Québec, Canada
2000